CONTENTS

TRAUMAS PSICOLÓGICOS:

COMPREENDER, ENFRENTAR
E SUPERAR

TRAUMAS PSICOLÓGICOS:

COMPREENDER, ENFRENTAR E SUPERAR

Prefácio:

- Introdução pelo autor sobre a importância de abordar traumas psicológicos.

- Breve discussão sobre o aumento da conscientização e desestigmatização dos problemas de saúde mental.

Capítulo 1:

O Que São Traumas Psicológicos?

- Definição e tipos de traumas psicológicos.

- A diferença entre trauma, estresse e ansiedade.

- As causas comuns de traumas psicológicos.

Capítulo 2: A Biologia do Trauma

- Como o trauma afeta o cérebro e o corpo.

- A resposta de luta ou fuga e o sistema nervoso.

- O impacto dos traumas no desenvolvimento cerebral.

Capítulo 3: Reconhecendo os Sintomas do Trauma

- Sintomas físicos, emocionais e psicológicos.

- O conceito de memórias traumáticas e flashbacks.

- Comportamentos de evitação e suas consequências.

Capítulo 4: Traumas em Diferentes Fases da Vida

- Traumas na infância e seu impacto a longo prazo.

- Traumas na adolescência: bullying, abuso e negligência.

- Traumas na idade adulta: acidentes, perdas e violência.

Capítulo 5: Transtornos Relacionados ao Trauma

- Transtorno de Estresse Pós-Traumático (TEPT).

- Transtorno de Estresse Agudo.

- Transtornos de Ansiedade e Depressão relacionados ao trauma.

Capítulo 6: Abordagens Terapêuticas para o Trauma

- Terapia Cognitivo-Comportamental (TCC).

- EMDR (Dessensibilização e Reprocessamento por Movimentos Oculares).

- Terapias baseadas em mindfulness e corpo-mente.

Capítulo 7: Estratégias de Enfrentamento e Recuperação

- Técnicas de autoajuda e autocuidado.

- A importância do apoio social e redes de suporte.

- Estabelecendo limites e reconstruindo a confiança.

Capítulo 8: Histórias de Superação

- Estudos de caso reais de pessoas que superaram traumas psicológicos.

- Entrevistas com especialistas em trauma e recuperação.

- Lições aprendidas e mensagens de esperança.

Capítulo 9: Prevenção e Conscientização

- Estratégias de prevenção de traumas psicológicos.

- A importância da educação e da conscientização sobre saúde mental.

- Políticas públicas

- Iniciativas comunitárias.

Epílogo:

- Reflexão sobre a jornada de compreender, enfrentar e superar traumas psicológicos.

- Encorajamento para os leitores continuarem buscando conhecimento e apoio.

Apêndices:

- Glossário de termos relacionados a traumas psicológicos.

- Recursos e organizações de apoio à saúde mental.

- Leituras recomendadas e referências bibliográficas.

PREFÁCIO

INTRODUÇÃO PELO AUTOR SOBRE A IMPORTÂNCIA DE ABORDAR TRAUMAS PSICOLÓGICOS

  Como autora deste livro, sinto-me compelido a compartilhar com você, caro leitor, a jornada que me levou a explorar as profundezas dos traumas psicológicos, especificamente focando em transtornos como o Transtorno de Estresse Pós-Traumático (TEPT - F43.1) e outros transtornos de ansiedade (F41). Este não é apenas um trabalho de pesquisa e conhecimento acadêmico; é, acima de tudo, um convite para uma viagem de compreensão, aceitação e, eventualmente, cura dos impactos de traumas psicológicos, que podem manifestar-se também como transtornos depressivos (F32) e transtornos de adaptação (F43.2). A importância de abordar esses transtornos transcende a esfera individual, alcançando a coletividade em suas mais variadas formas e manifestações.

Traumas psicológicos, frequentemente associados a condições como o TEPT, são, muitas vezes, feridas invisíveis que carregamos conosco, silenciosas e profundas, influenciando cada aspecto de nossa existência. Eles moldam nossas percepções, nossas relações e até mesmo nossas esperanças e sonhos. No entanto, apesar de sua prevalência e impacto significativo, o trauma psicológico, incluindo transtornos como a fobia específica (F40.1) e o transtorno obsessivo-compulsivo (F42), permanece um tópico envolto em mistério, estigma e, muitas vezes, incompreensão.

A jornada para a compreensão do trauma é intrinsecamente uma jornada de humanização. Ao explorarmos as histórias de dor, luta e resiliência, somos lembrados da nossa vulnerabilidade compartilhada, da nossa capacidade de superação e da nossa necessidade intrínseca de conexão e apoio. Este livro é, portanto, um convite para olhar para além dos sintomas e comportamentos, para ver as pessoas em sua totalidade, em suas lutas e em sua busca por significado e cura.

Abordar traumas psicológicos é também um passo crucial na desmistificação de muitos transtornos mentais e comportamentais, como a depressão maior (F32) e o transtorno de ansiedade generalizada (F41.1). Ao entendermos as raízes traumáticas de certos padrões de comportamento, podemos começar a tratar não apenas os sintomas, mas também as causas subjacentes, promovendo uma abordagem mais holística e compassiva à saúde mental.

Este livro também busca ser um recurso para aqueles que se sentem perdidos na escuridão do trauma, oferecendo estratégias baseadas em evidências e histórias de superação que abordam desde a depressão (F32) até o transtorno de estresse agudo (F43.0). É um lembrete de que, mesmo nas noites mais escuras, existem estrelas que brilham, guiando-nos em direção à alvorada.

Por fim, escrever este livro foi para mim uma jornada de descoberta pessoal e profissional, mergulhando nas profundezas do sofrimento humano mas também emergindo com uma renovada apreciação pela resiliência e pela capacidade de cura que reside em cada um de nós, seja enfrentando transtornos de adaptação (F43.2) ou outros desafios psicológicos. É minha sincera esperança que, ao compartilhar essa jornada com você, possamos juntos avançar em direção a um futuro onde o trauma psicológico seja compreendido, tratado e, mais importante, prevenido com compaixão, conhecimento e empatia e este livro ainda é um testemunho da crença inabalável na capacidade humana de superar adversidades, de encontrar significado na dor e de reconstruir-se a partir das ruínas do trauma. É um convite para você, leitor, juntar-se a mim nesta jornada de compreensão, cura e esperança. Juntos, podemos transformar os ecos do passado em canções de futuro, onde cada nota ressoa com a promessa de recuperação e renovação.

BREVE DISCUSSÃO SOBRE O AUMENTO DA CONSCIENTIZAÇÃO E DESESTIGMATIZAÇÃO DOS PROBLEMAS DE SAÚDE MENTAL

A conscientização e a desestigmatização dos problemas de saúde mental, incluindo transtornos como depressão (F32), ansiedade (F41), transtorno bipolar (F31), e esquizofrenia (F20), representam um dos maiores desafios e, simultaneamente, uma das mais urgentes necessidades da sociedade contemporânea. Este tema, intrincado e multifacetado, demanda uma abordagem que seja tanto compassiva quanto informada. Ao longo dos últimos anos, temos testemunhado um aumento significativo na conscientização sobre a saúde mental, um movimento que, embora ainda em progresso, marca um ponto de virada na maneira como abordamos e compreendemos o sofrimento psíquico associado a transtornos como o transtorno de estresse pós-traumático (TEPT - F43.1) e o transtorno obsessivo-compulsivo (TOC - F42).

Historicamente, os problemas de saúde mental, desde transtornos de humor (F30-F39) até transtornos neuróticos (F40-F48), foram envoltos em um manto de silêncio e vergonha. Este estigma, enraizado em mal-entendidos e preconceitos, não apenas marginalizou aqueles que sofrem, mas também criou barreiras significativas ao acesso ao tratamento e apoio adequados. A desestigmatização, portanto, não é apenas sobre mudar percepções; é sobre derrubar muros que impedem as pessoas de buscar e receber ajuda.

A conscientização crescente sobre a saúde mental nas redes sociais e na mídia tem desempenhado um papel crucial neste processo de desestigmatização. Celebridades e figuras públicas que falam abertamente sobre suas próprias lutas com transtornos como a depressão (F32) e a ansiedade (F41) têm contribuído para um diálogo mais aberto e inclusivo. Essas vozes têm o poder de alcançar milhões, humanizando a experiência do sofrimento psíquico e mostrando que ninguém está imune.

No entanto, a desestigmatização dos problemas de saúde mental vai além da mera conscientização. Ela exige uma mudança fundamental na linguagem que usamos, na educação que recebemos e nas políticas que implementamos. A linguagem, em particular, tem um poder imenso de moldar percepções. Termos pejorativos e descrições imprecisas contribuem para a perpetuação do estigma em torno de transtornos como a esquizofrenia (F20), enquanto uma linguagem cuidadosa e respeitosa pode promover compreensão e empatia.

A educação desempenha um papel igualmente vital. Integrar a educação sobre saúde mental, abordando transtornos como o transtorno de déficit de atenção e hiperatividade (TDAH - F90) e transtornos alimentares (F50), nos currículos escolares desde cedo pode equipar as gerações futuras com um entendimento mais profundo e compassivo dos problemas de saúde mental. Isso não apenas prepara os jovens para lidar com seus próprios desafios de saúde mental, mas também os capacita a apoiar os outros, criando uma sociedade mais empática e informada.

Além disso, as políticas públicas em saúde mental precisam refletir um compromisso com a desestigmatização e a acessibilidade do tratamento para condições como transtornos de personalidade (F60-F69). Isso significa investir em serviços de saúde mental, garantindo que eles sejam acessíveis a todos, independentemente de sua situação econômica ou localização geográfica. Também significa proteger os direitos daqueles com problemas de saúde mental, garantindo que eles sejam tratados com dignidade e respeito.

A desestigmatização também requer que enfrentemos as disparidades na saúde mental que afetam comunidades marginalizadas. Problemas de saúde mental não afetam todos igualmente; fatores como raça, gênero, sexualidade e classe social desempenham um papel significativo em quem tem acesso a recursos e apoio. Uma abordagem verdadeiramente inclusiva e desestigmatizante deve reconhecer e abordar essas disparidades.

A participação da comunidade é outro aspecto crucial da desestigmatização. Programas comunitários que promovem a saúde mental, oferecem suporte e criam espaços seguros para discussões abertas podem fortalecer os laços sociais e promover uma cultura de cuidado e apoio mútuo. A comunidade pode ser um poderoso recurso para aqueles que se sentem isolados por seus problemas de saúde mental.

No âmbito individual, a desestigmatização começa com a disposição de ouvir e aprender. Isso significa se abrir para as experiências dos outros sem julgamento, buscando entender em vez de estigmatizar. Cada conversa aberta sobre saúde mental, cada ato de apoio e compreensão, contribui para a desestigmatização.

Em conclusão, a desestigmatização dos problemas de saúde mental é um processo contínuo que requer esforço coletivo e individual. Ao promover a conscientização, mudar nossa linguagem, educar nossas crianças, implementar políticas inclusivas e apoiar nossas comunidades, podemos criar uma sociedade onde o sofrimento psíquico é reconhecido, compreendido e tratado com a compaixão e o respeito que merece. A jornada é longa, mas cada passo nessa direção é um passo em direção a um futuro mais inclusivo e empático.

CAPÍTULO 1: O QUE SÃO TRAUMAS PSICOLÓGICOS?

DEFINIÇÃO E TIPOS DE TRAUMAS PSICOLÓGICOS

Traumas psicológicos são experiências profundamente perturbadoras que desafiam a capacidade de uma pessoa de lidar, causando um sentimento de impotência e, frequentemente, ameaçando sua segurança ou sobrevivência. Essas experiências podem ter um impacto duradouro na saúde mental e bem-estar de um indivíduo, influenciando sua visão de mundo, suas relações interpessoais e sua percepção de si mesmo. A compreensão dos traumas psicológicos é fundamental para abordar suas consequências e iniciar o processo de cura. Este capítulo se dedica a explorar a definição e os diferentes tipos de traumas psicológicos, lançando luz sobre a complexidade deste campo de estudo.

Primeiramente, é importante distinguir entre trauma agudo, trauma crônico e trauma complexo. O trauma agudo resulta de um único evento perturbador, como um

acidente, um desastre natural, um ataque ou a perda súbita de um ente querido. A natureza pontual deste tipo de trauma não diminui seu potencial impacto, podendo resultar em um transtorno de estresse pós-traumático (TEPT - F43.1) se não for adequadamente tratado.

Por outro lado, o trauma crônico refere-se à exposição prolongada a situações traumáticas, como abuso físico (T74.1 para abuso físico confirmado), sexual (T74.2 para abuso sexual confirmado) ou emocional, guerra, tortura ou opressão sistemática. Este tipo de trauma é particularmente insidioso, pois o estresse e o medo se tornam constantes na vida do indivíduo, podendo levar a profundas alterações psicológicas e emocionais.

O trauma complexo, uma categoria mais recente, descreve a experiência de múltiplos traumas inter-relacionados, frequentemente ocorrendo em contextos onde o indivíduo deveria esperar proteção e segurança, como na infância. Este tipo de trauma é frequentemente associado a ambientes abusivos, onde abuso físico, emocional (F62.0 para alterações persistentes da personalidade após experiência catastrófica) e negligência coexistem, criando camadas complexas de sofrimento psicológico.

Além destas categorias, é essencial reconhecer os traumas desenvolvimentais, que ocorrem durante os estágios críticos do desenvolvimento infantil. Estes traumas podem resultar de negligência, abuso ou a ausência de vínculos afetivos seguros, afetando profundamente a capacidade da criança de formar relações saudáveis e sua visão de mundo.

O trauma histórico ou intergeracional descreve o trauma que é transmitido de uma geração para outra. Este tipo de trauma é frequentemente observado em comunidades que sofreram opressão sistemática, genocídio, escravidão ou deslocamento forçado. As consequências do trauma histórico incluem não apenas o sofrimento psicológico individual, mas também padrões de comportamento e crenças que afetam comunidades inteiras.

Traumas vicários ou secundários ocorrem quando uma pessoa é afetada indiretamente pelo trauma de outra, como profissionais que trabalham com vítimas de trauma ou indivíduos que testemunham violência ou catástrofes. Embora não tenham experimentado o evento traumático diretamente, podem desenvolver sintomas semelhantes aos do TEPT (F43.1).

Outro tipo importante de trauma é o trauma de identidade, que ocorre quando a identidade central de uma pessoa é desafiada ou negada, muitas vezes em contextos de discriminação, preconceito ou violência. Isso pode incluir trauma relacionado a gênero, orientação sexual, raça, etnia ou religião.

O trauma ambiental, embora menos discutido, refere-se ao trauma resultante de desastres ambientais, como derramamentos de óleo, desmatamento, ou mudanças climáticas. A perda do ambiente natural, além de ameaçar a sobrevivência física, pode ter um impacto profundo na sensação de segurança e bem-estar psicológico das pessoas afetadas.

Cada tipo de trauma psicológico tem suas particularidades e demanda abordagens específicas de tratamento e apoio. A compreensão da natureza multifacetada dos traumas é crucial para desenvolver estratégias de intervenção eficazes. Embora os traumas possam variar em suas origens e manifestações, todos eles compartilham a capacidade de alterar profundamente a vida dos indivíduos afetados.

A identificação e o reconhecimento do trauma são passos fundamentais no processo de cura. Muitas vezes, os indivíduos podem não reconhecer suas experiências como traumáticas, minimizando seu sofrimento ou lutando para entender suas reações. A conscientização sobre os diferentes tipos de trauma pode ajudar as pessoas a identificar suas próprias experiências e buscar o apoio necessário.

Além disso, a educação sobre traumas psicológicos é essencial não apenas para os profissionais de saúde mental, mas também para o público em geral. Aumentar a conscientização sobre o trauma e suas consequências pode contribuir para a desestigmatização dos problemas de saúde mental e encorajar aqueles que sofrem em silêncio a buscar ajuda.

A pesquisa em traumas psicológicos continua a evoluir, trazendo novas perspectivas e abordagens para o tratamento e a recuperação. À medida que expandimos nosso entendimento sobre o trauma, também aumentamos nossa capacidade de oferecer suporte eficaz e compassivo para aqueles afetados.

Em resumo, os traumas psicológicos são experiências complexas e profundamente perturbadoras que requerem uma abordagem sensível e informada. Este capítulo buscou desvendar a complexidade dos traumas psicológicos, destacando a importância de reconhecer e tratar essas experiências com a seriedade e a compaixão que elas merecem. Ao entender a natureza multifacetada do trauma, podemos começar a trilhar o caminho em direção à cura e à recuperação.

A DIFERENÇA ENTRE TRAUMA, ESTRESSE E ANSIEDADE

No primeiro capítulo de nosso estudo sobre traumas psicológicos, é essencial estabelecer uma compreensão clara das diferenças fundamentais entre trauma, estresse e ansiedade. Embora estes termos sejam frequentemente usados de forma intercambiável no discurso cotidiano, eles representam conceitos distintos com implicações específicas para a saúde mental e o bem-estar. Ao desvendar as nuances entre eles, podemos oferecer uma base sólida para a compreensão mais profunda dos traumas psicológicos e suas interações com outras condições psicológicas.

O trauma é definido como uma resposta a um evento ou série de eventos de natureza extremamente negativa e perturbadora, que excede a capacidade do indivíduo de lidar. Esses eventos podem ser únicos, como um acidente grave (T07 quando não especificado) ou um assalto (X85 a Y09 para agressões), ou podem ser prolongados e repetitivos, como abuso (T74.1 para abuso físico confirmado, T74.2 para abuso sexual confirmado) ou guerra. O trauma distingue-se por sua intensidade e pelo impacto profundo que tem sobre a psique, levando, em muitos casos, a condições como o Transtorno de Estresse Pós-Traumático (TEPT - F43.1).

O estresse, por outro lado, é uma resposta natural do corpo a desafios ou demandas. Em níveis moderados, o estresse pode ser benéfico, incentivando o crescimento pessoal e a resiliência. No entanto, quando o estresse se torna crônico ou esmagador, ele pode prejudicar a saúde física e mental, podendo levar a transtornos de adaptação (F43.2). Diferentemente do trauma, o estresse não implica necessariamente uma ameaça direta à segurança ou sobrevivência do indivíduo, mas refere-se à dificuldade em lidar com pressões percebidas.

A ansiedade, enquanto isso, é caracterizada por sentimentos persistentes de preocupação, nervosismo ou medo, que são desproporcionais às circunstâncias. A ansiedade pode ser uma reação a estresse crônico, mas também pode ocorrer na ausência de estímulos externos claros. Ela pode se manifestar em várias formas, incluindo transtorno de ansiedade generalizada (F41.1), fobias específicas (F40.9 para fobias não especificadas) e transtorno de pânico (F41.0). A ansiedade difere do trauma na medida em que é uma condição mais relacionada à antecipação de ameaças futuras do que à resposta a eventos traumáticos passados.

É importante notar que trauma, estresse e ansiedade podem se sobrepor e interagir de maneiras complexas. Por exemplo, uma pessoa que experimentou um trauma pode desenvolver ansiedade crônica, particularmente em relação a situações que lembram o evento traumático. Da mesma forma, o estresse crônico pode exacerbar os sintomas de TEPT (F43.1) e aumentar a vulnerabilidade a transtornos de ansiedade (F41.9 para transtorno de ansiedade não especificado).

A distinção entre esses conceitos é crucial para o diagnóstico e tratamento adequados. Enquanto o tratamento do TEPT (F43.1) pode envolver terapias específicas,

como a terapia de exposição prolongada ou a terapia cognitivo-comportamental focada no trauma, o manejo do estresse (F43.2 para transtornos de adaptação) e da ansiedade (F41.9 para transtorno de ansiedade não especificado) pode incluir técnicas de relaxamento, mindfulness e outras estratégias de enfrentamento.

Além disso, a compreensão das diferenças entre trauma, estresse e ansiedade tem implicações significativas para a prevenção. Ao reconhecer os sinais de estresse crônico e ansiedade, indivíduos e profissionais de saúde podem intervir mais cedo para prevenir o desenvolvimento de condições mais graves relacionadas ao trauma.

A educação sobre essas diferenças também é vital para a desestigmatização dos problemas de saúde mental. Ao esclarecer que o trauma, o estresse e a ansiedade são condições distintas com suas próprias causas e manifestações, podemos promover uma maior compreensão e empatia para aqueles que sofrem.

No contexto de ambientes de trabalho, escolas e comunidades, essa compreensão pode levar à implementação de políticas e programas de apoio mais eficazes, que reconhecem e abordam as necessidades específicas relacionadas a cada uma dessas condições.

A pesquisa continua a desvendar as complexas interações entre trauma, estresse e ansiedade, destacando a importância de abordagens personalizadas no tratamento e apoio. À medida que expandimos nosso conhecimento, também aumentamos nossa capacidade de oferecer intervenções mais eficazes e compassivas.

Em suma, o reconhecimento das diferenças entre trauma, estresse e ansiedade não apenas enriquece nossa compreensão da saúde mental, mas também nos equipa melhor para enfrentar os desafios associados a cada uma dessas condições. Este capítulo estabelece uma fundação sobre a qual podemos construir uma abordagem mais informada e sensível ao lidar com o espectro de experiências humanas relacionadas ao trauma psicológico.

AS CAUSAS COMUNS DE TRAUMAS PSICOLÓGICOS

As causas comuns de traumas psicológicos são inúmeras e variadas, refletindo a complexidade da experiência humana e a diversidade dos eventos que podem impactar profundamente o psicológico de uma pessoa. Este capítulo investiga uma série de eventos e circunstâncias que são frequentemente identificados como precipitadores de trauma, cada um trazendo consigo desafios únicos para o indivíduo afetado e para aqueles que procuram oferecer suporte e tratamento.

Desastres naturais, como terremotos (X34), inundações (X38), e furacões (X37), são eventos catastróficos que podem deixar um rastro de destruição física e emocional. A exposição a tais eventos pode resultar em Transtorno de Estresse Pós-Traumático (TEPT - F43.1), Transtornos de Adaptação (F43.2), e outras condições de saúde mental decorrentes do impacto psicológico devastador.

A violência, seja ela experimentada diretamente ou testemunhada, incluindo agressões pessoais (X85 a Y09), violência doméstica (T74.1 para abuso físico confirmado; T74.2 para abuso sexual confirmado), e conflitos armados (Y36 para operações de guerra), também é uma causa significativa de trauma. Tais experiências podem levar ao desenvolvimento de TEPT (F43.1), Transtornos de Adaptação (F43.2), e uma variedade de outras respostas traumáticas.

O abuso, seja ele físico (T74.1), sexual (T74.2), emocional (Z69.012 para problemas relacionados ao abuso emocional em histórico familiar), ou negligência (T74.0 para negligência confirmada), representa outra causa profunda de trauma psicológico. Os efeitos a longo prazo do abuso podem incluir uma ampla gama de transtornos de ansiedade (F41), depressão (F32), TEPT (F43.1), e transtornos dissociativos (F44).

Perdas devastadoras, como a morte de um ente querido (Z63.4 para perda de um ente querido), podem também precipitar respostas traumáticas. O luto complicado pode evoluir para condições como Transtornos de Adaptação (F43.2) quando a pessoa tem dificuldade em se ajustar à perda.

Além dessas causas, situações de vida estressantes prolongadas, como doenças crônicas (capítulos diversos do CID-10 dependendo da doença específica), desemprego de longa duração (Z56.0 para desemprego não desejado), e isolamento social (Z60.2 para problemas relacionados ao isolamento social), também podem ser fontes significativas de trauma psicológico, contribuindo para o desenvolvimento de transtornos de ansiedade (F41), depressão (F32), e outros problemas de saúde mental.

Este capítulo destaca a importância de uma abordagem individualizada e sensível no tratamento e suporte a pessoas afetadas por traumas psicológicos. Reconhecer a origem dos traumas em diversas situações da vida é crucial para desembaraçar os complexos emaranhados de dor e sofrimento que muitos enfrentam. Através de intervenções eficazes e uma sociedade mais empática, podemos começar a

construir um mundo onde o apoio e a cura estejam acessíveis a todos aqueles que foram tocados pela sombra do trauma. Este conhecimento é um lembrete da resiliência humana e da capacidade de superação, mesmo diante das adversidades mais desafiadoras. Aprofundar nossa compreensão das causas dos traumas é um passo crucial para construir um mundo mais acolhedor e curativo.

CAPÍTULO 2: A BIOLOGIA DO TRAUMA

COMO O TRAUMA AFETA O CÉREBRO E O CORPO

O trauma psicológico é uma experiência complexa que afeta não apenas a mente, mas também o corpo e o cérebro de maneiras profundas e muitas vezes duradouras. Compreender como o trauma se manifesta no cérebro e no corpo é crucial para desenvolver tratamentos eficazes e para apoiar a recuperação de quem sofreu traumas. Este capítulo explora as diversas maneiras pelas quais o trauma impacta o indivíduo, lançando luz sobre a intricada interação entre mente, corpo e cérebro no contexto do trauma.

Primeiramente, é importante reconhecer que o trauma pode alterar a química e a estrutura do cérebro. Pesquisas mostram que a exposição a eventos traumáticos pode resultar em mudanças significativas nas áreas do cérebro responsáveis pela regulação emocional, memória e percepção de ameaças.

Uma dessas áreas, a amígdala, que desempenha um papel central na resposta a ameaças, pode tornar-se hiperativa após o trauma, levando a um estado de hipervigilância (F43.1 para TEPT).

Além disso, o hipocampo, uma região do cérebro envolvida na formação de memórias, pode ser afetado pelo trauma, indicando que o estresse traumático pode reduzir o volume do hipocampo (F43.1 para TEPT), o que pode contribuir para dificuldades na codificação de novas memórias e na recuperação de memórias relacionadas ao trauma.

O trauma também impacta o córtex pré-frontal, a parte do cérebro responsável pelo pensamento racional, tomada de decisões e regulação das emoções, podendo levar a dificuldades em controlar impulsos e regular emoções (F43.1 para TEPT).

Do ponto de vista fisiológico, o trauma pode desencadear uma resposta de estresse crônico no corpo, ativando o sistema nervoso simpático e liberando hormônios do estresse, como o cortisol e a adrenalina. O estresse crônico pode levar a uma série de problemas de saúde, incluindo doenças cardíacas (I25.9 para doença cardíaca crônica não especificada), problemas digestivos (K92.9 para doença digestiva não especificada),

dores crônicas (R52 para dor não especificada) e dificuldades no sistema imunológico (D89.9 para doença do sistema imune não especificada).

A resposta prolongada ao estresse também pode afetar o sistema nervoso parassimpático, responsável por regular o estado de repouso do corpo, resultando em dificuldades para relaxar e recuperar-se após períodos de estresse, exacerbando os sintomas de ansiedade (F41.9 para transtorno de ansiedade não especificado) e depressão (F32.9 para episódio depressivo não especificado).

Além das alterações no cérebro e no corpo, o trauma pode ter um impacto significativo na regulação emocional, levando a emoções intensas e voláteis, incluindo raiva, tristeza, medo e culpa. A dificuldade em regular essas emoções pode levar a comportamentos de evitação (F43.1 para TEPT).

O trauma também pode afetar a percepção de si mesmo e dos outros, levando a sentimentos de desconfiança, isolamento e alienação, dificultando a formação de relacionamentos saudáveis e o estabelecimento de conexões sociais significativas.

Além disso, o trauma pode impactar a capacidade de uma pessoa se concentrar e processar informações, levando a dificuldades de aprendizado e de memória (F43.1 para TEPT), afetando o desempenho no trabalho ou na escola.

A insônia e outros distúrbios do sono são também consequências comuns do trauma (F43.1 para TEPT), com muitas pessoas relatando dificuldades para adormecer ou permanecer dormindo, criando um ciclo vicioso de perturbação do sono e sofrimento emocional.

Importante mencionar, o trauma pode levar ao desenvolvimento de transtornos psicológicos, como o transtorno de estresse pós-traumático (TEPT - F43.1), transtornos de ansiedade (F41.9 para transtorno de ansiedade não especificado) e depressão (F32.9 para episódio depressivo não especificado). Esses transtornos podem ser vistos como manifestações extremas das reações ao trauma.

A compreensão de como o trauma afeta o cérebro e o corpo é fundamental para desenvolver abordagens de tratamento que abordem tanto os aspectos psicológicos quanto fisiológicos do trauma. Terapias que integram técnicas de regulação emocional, manejo do estresse e reestruturação cognitiva podem ser eficazes, ajudando os indivíduos a processar suas experiências traumáticas de maneira saudável.

Além disso, intervenções que focam na regulação do sistema nervoso, como técnicas de relaxamento, mindfulness e exercícios físicos, podem ajudar a reduzir a resposta ao estresse do corpo e promover a recuperação. A integração de abordagens que visam o corpo e a mente reflete uma compreensão holística do trauma e sua recuperação.

Finalmente, a recuperação do trauma é um processo individual e não linear, envolvendo reconhecer e validar as experiências traumáticas, aprender a lidar com as

emoções e sintomas associados, e reconstruir um senso de segurança e propósito. Este capítulo destaca a importância de abordagens de tratamento personalizadas e baseadas em evidências, bem como o papel crucial do apoio social e da compreensão comunitária na facilitação da recuperação do trauma. Ao explorar as complexas maneiras pelas quais o trauma afeta o cérebro e o corpo, podemos começar a desvendar os caminhos para a cura e a resiliência.

A RESPOSTA DE LUTA OU FUGA E O SISTEMA NERVOSO

A resposta de luta ou fuga é um mecanismo fisiológico fundamental originado no sistema nervoso central, preparando o corpo para responder a ameaças percebidas. Este mecanismo é vital para a sobrevivência, facilitando ação rápida em situações de perigo. No entanto, sua ativação crônica ou em resposta a estímulos não ameaçadores pode levar a problemas de saúde física e mental. Este capítulo aborda a natureza dessa resposta, seu impacto no sistema nervoso e as consequências para indivíduos com traumas psicológicos.

O sistema nervoso autônomo, regulador de funções corporais involuntárias como frequência cardíaca (I49.9 para arritmia cardíaca, não especificada) e respiração (R06.9 para dificuldade respiratória, não especificada), é central na resposta de luta ou fuga. Este sistema divide-se em duas partes: o sistema nervoso simpático, que ativa a resposta de luta ou fuga, e o sistema nervoso parassimpático, que restaura o estado de repouso após a ameaça.

A percepção de ameaça ativa rapidamente o sistema nervoso simpático, liberando hormônios do estresse como adrenalina e cortisol. Estes hormônios aumentam a frequência cardíaca, pressão arterial (I10 para hipertensão essencial, não especificada) e a glicose no sangue (E16.2 para hipoglicemia, não especificada), direcionando o fluxo sanguíneo para músculos essenciais.

Esta resposta também afeta percepção e comportamento, focando a atenção na ameaça e suprimindo funções não essenciais para a sobrevivência imediata, como a digestão

(K92.9 para doença do aparelho digestivo, não especificada) e o sistema imunológico (D89.9 para doença do sistema imune, não especificada), permitindo rápida mobilização de recursos.

Contudo, a ativação crônica ou repetida dessa resposta, comum em indivíduos com traumas psicológicos, pode causar desgaste físico e mental. A exposição prolongada ao cortisol pode enfraquecer o sistema imunológico e aumentar o risco de doenças cardíacas (I25.9 para doença cardíaca crônica, não especificada) e fadiga crônica (R53 para mal-estar e fadiga, não especificada).

A ativação constante do sistema nervoso simpático pode impedir a ação do sistema nervoso parassimpático em restaurar o repouso, levando a um estado de hiperarousal, característico do transtorno de estresse pós-traumático (TEPT - F43.1).

Os efeitos sobre a saúde mental incluem contribuições para ansiedade (F41.9 para transtorno de ansiedade, não especificado), depressão (F32.9 para episódio depressivo, não especificado) e outros transtornos de humor. A supressão de funções não essenciais pode piorar a digestão e o sono (F51.9 para distúrbio do sono, não especificado), aumentando estresse e ansiedade.

Para quem sofreu traumas, lembretes do trauma podem desencadear esta resposta, causando sensação constante de perigo e dificuldade de relaxamento, o que pode ser debilitante.

Compreender a resposta de luta ou fuga e seu impacto é essencial para tratar traumas psicológicos. Terapias focadas na regulação do sistema nervoso, como terapia de exposição, terapia cognitivo-comportamental e técnicas de relaxamento, podem reduzir a hiperatividade do sistema nervoso simpático e promover o equilíbrio com o parassimpático.

Práticas como mindfulness e meditação podem acalmar o sistema nervoso, diminuir frequência cardíaca e pressão arterial, e promover relaxamento, sendo úteis para indivíduos com traumas ao desenvolver maior consciência de seus estados internos e regular a resposta ao estresse de forma eficaz.

Em resumo, a resposta de luta ou fuga é essencial para a resposta humana ao perigo, mas sua ativação crônica pode ser prejudicial à saúde física e mental. Para aqueles experienciando traumas psicológicos, entender e gerenciar essa resposta é um passo crucial na recuperação. Abordagens terapêuticas visando o equilíbrio do sistema nervoso e a regulação emocional podem oferecer alívio significativo e ajudar a restaurar a calma e segurança.

O IMPACTO DOS TRAUMAS NO DESENVOLVIMENTO CEREBRAL

O impacto dos traumas no desenvolvimento cerebral é um campo de estudo crucial na psicologia e na neurociência, pois oferece insights significativos sobre como experiências adversas podem moldar a estrutura e a funcionalidade do cérebro ao longo da vida. Este capítulo explora as várias maneiras pelas quais os traumas, especialmente aqueles experimentados na infância e adolescência, podem afetar o desenvolvimento cerebral, influenciando a saúde mental, o comportamento e a capacidade de aprendizado.

Primeiramente, é fundamental entender que o cérebro humano continua a se desenvolver e a se adaptar ao longo da vida, mas é particularmente plástico e sensível a experiências durante a infância e a adolescência. Durante esses períodos críticos, traumas como abuso físico (T74.1 para abuso físico confirmado), emocional (T74.3 para abuso psicológico confirmado), negligência (Z61.2 para negligência e abandono) ou exposição à violência (Z61.4 para exposição a eventos de guerra e desastres) podem interromper os padrões normais de desenvolvimento cerebral, resultando em alterações duradouras.

Uma das áreas mais afetadas pelo trauma é a amígdala, responsável pela detecção de ameaças e pela regulação das emoções, especialmente o medo. Crianças e adolescentes que sofrem traumas frequentemente mostram uma amígdala hiperativa, o que pode levar a uma sensibilidade aumentada a estímulos estressantes e a dificuldades na regulação emocional. Esse estado de hiperarousal pode predispor indivíduos a transtornos de ansiedade (F41.9 para transtorno de ansiedade, não especificado) e a um estado constante de alerta, mesmo na ausência de ameaças reais.

O hipocampo, uma região do cérebro crucial para a aprendizagem e a memória, também é profundamente afetado por traumas. Pesquisas indicam que a exposição ao estresse traumático pode levar à atrofia do hipocampo. Isso não apenas prejudica a capacidade de formar novas memórias e aprender, mas também pode contribuir para a dificuldade de processar e integrar as memórias do trauma, um aspecto central no transtorno de estresse pós-traumático (TEPT - F43.1).

O córtex pré-frontal, que desempenha um papel vital no planejamento, na tomada de decisões e na regulação das emoções, pode ser afetado negativamente pelos traumas. Alterações nesta área podem resultar em dificuldades de tomada de decisão, impulsividade (F63.0 para transtorno de controle dos impulsos, não especificado) e problemas em controlar emoções e comportamentos. Isso pode ter implicações significativas para o sucesso acadêmico, relações interpessoais e a capacidade de enfrentar desafios na vida adulta.

A interação entre estas áreas cerebrais é crucial para a regulação emocional e o comportamento adaptativo. Traumas podem perturbar essa interação, levando a um equilíbrio alterado entre a resposta emocional impulsiva, mediada pela amígdala, e o controle cognitivo, mediado pelo córtex pré-frontal. Isso pode resultar em uma tendência a reagir excessivamente a estímulos emocionais ou a ter dificuldades em avaliar adequadamente riscos e benefícios.

Além disso, o trauma pode influenciar o desenvolvimento do sistema nervoso autônomo, que regula respostas fisiológicas ao estresse, como a frequência cardíaca (I49.9 para arritmia cardíaca, não especificada) e a respiração (R06.9 para dificuldade respiratória, não especificada). Crianças expostas a traumas frequentemente desenvolvem uma resposta de estresse hiperativa, o que pode levar a problemas de saúde a longo prazo, como doenças cardiovasculares (I25.9 para doença cardíaca crônica, não especificada) e metabólicas (E88.9 para transtorno metabólico, não especificado).

A exposição ao trauma na infância também está ligada a mudanças na expressão de genes que regulam a resposta ao estresse. Esse fenômeno, conhecido como epigenética, pode ter efeitos duradouros, não apenas na pessoa afetada, mas potencialmente em suas futuras gerações. A alteração da expressão gênica pode influenciar a sensibilidade ao estresse e a vulnerabilidade a transtornos psiquiátricos.

Traumas podem ainda afetar a capacidade do cérebro de se adaptar e se reorganizar em resposta a novas experiências, um processo conhecido como neuroplasticidade. Isso pode limitar a capacidade do cérebro de se recuperar de experiências traumáticas e se adaptar a novos desafios, restringindo o potencial de aprendizado e desenvolvimento pessoal.

A interrupção no desenvolvimento normal do cérebro devido ao trauma pode ter implicações significativas para o desempenho acadêmico. Dificuldades de memória, atenção e controle emocional podem prejudicar a capacidade de aprender, resultando em desafios acadêmicos e na diminuição da autoestima.

Além disso, traumas podem impactar o desenvolvimento de habilidades sociais e a capacidade de formar e manter relacionamentos saudáveis. A desregulação emocional e a dificuldade em confiar nos outros podem levar ao isolamento social e a conflitos interpessoais, afetando negativamente a qualidade de vida.

A compreensão do impacto dos traumas no desenvolvimento cerebral é essencial para o desenvolvimento de intervenções eficazes. Terapias focadas na regulação emocional, no desenvolvimento de habilidades sociais e na reestruturação cognitiva podem ajudar a mitigar alguns dos efeitos adversos do trauma no cérebro.

Intervenções precoces são particularmente importantes, pois podem ajudar a prevenir ou minimizar alterações duradouras no cérebro e promover a resiliência. Programas de apoio que fornecem ambientes seguros, relações de apoio e oportunidades para o desenvolvimento de habilidades podem ser cruciais para crianças e adolescentes expostos a traumas.

A pesquisa continua a explorar novas estratégias para apoiar a recuperação e o desenvolvimento saudável do cérebro após traumas. Abordagens como a terapia baseada em mindfulness, exercícios físicos e intervenções nutricionais mostraram potencial para promover a neuroplasticidade e a saúde cerebral.

Em conclusão, o impacto dos traumas no desenvolvimento cerebral é profundo e multifacetado, afetando a estrutura, a funcionalidade e a interação entre diferentes regiões cerebrais. Reconhecer e abordar esses impactos é crucial para apoiar a recuperação e promover o bem-estar de indivíduos afetados por traumas, especialmente aqueles que os experimentam durante períodos críticos de desenvolvimento. Através de intervenções direcionadas e apoio contínuo, é possível mitigar os efeitos adversos dos traumas e promover um futuro mais saudável e resiliente.

CAPÍTULO 3: RECONHECENDO OS SINTOMAS DO TRAUMA

SINTOMAS FÍSICOS, EMOCIONAIS E PSICOLÓGICOS

O Capítulo 3 aborda os sintomas físicos, emocionais e psicológicos resultantes de traumas psicológicos, explorando como estes impactam a vida dos indivíduos. Traumas psicológicos, sejam eles originados por eventos únicos ou prolongados, têm a capacidade de afetar profundamente o bem-estar geral de uma pessoa, manifestando-se através de uma ampla gama de sintomas que podem ser debilitantes.

Os sintomas físicos são frequentemente os primeiros indicadores visíveis do impacto de um trauma. Muitas vezes, o corpo reage ao estresse emocional de maneiras que podem ser surpreendentes para o indivíduo afetado. Dores de cabeça crônicas (G44.2 para cefaleia tensional), fadiga extrema (R53 para mal-estar e fadiga) e dores musculares (M79.1 para mialgia) são comuns e podem ser tão incapacitantes que afetam a capacidade de uma pessoa realizar tarefas diárias. Além disso, sintomas gastrointestinais como náuseas (R11 para náusea e vômito), diarreia (A09 para diarreia e gastroenterite de origem infecciosa presumível) e constipação (K59.0 para constipação) podem refletir o estresse emocional, evidenciando como o trauma pode afetar o sistema digestivo.

Outro sintoma físico significativo é a alteração no padrão de sono. Indivíduos traumatizados podem sofrer de insônia (F51.0), pesadelos recorrentes (F51.5 para pesadelos) ou até mesmo hipersonia (G47.1 para hipersonia), onde o excesso de sono serve como um mecanismo de fuga. Essas perturbações do sono não apenas afetam a energia e o humor, mas também podem agravar outros sintomas psicológicos do trauma.

No plano emocional, a resposta a um trauma pode ser complexa e multifacetada. O medo intenso e persistente é um dos sintomas emocionais mais comuns. Este medo pode ser específico, relacionado ao trauma vivido, ou mais generalizado, afetando a percepção de segurança do indivíduo em uma variedade de contextos. A ansiedade também é prevalente, manifestando-se em preocupações constantes, tensão e uma sensação de estar sempre à beira de um ataque de pânico (F41.0 para transtorno de pânico [ansiedade paroxística episódica]).

A tristeza profunda e a depressão são igualmente sintomas emocionais significativos. Indivíduos traumatizados podem se sentir desesperançados (F32 para episódios depressivos), perder o interesse em atividades que antes lhes davam prazer e experimentar uma sensação persistente de vazio. Em casos mais graves, podem surgir pensamentos suicidas (R45.851 para ideias de suicídio), refletindo o profundo desespero que o trauma pode causar.

A raiva é outra resposta emocional comum ao trauma. Esta pode ser direcionada ao perpetrador do trauma, a si mesmo, ou mesmo a pessoas e situações não relacionadas. A raiva pode ser difícil de controlar e pode levar a explosões ou a um estado constante de irritabilidade (F60.3 para transtorno de personalidade emocionalmente instável), afetando negativamente os relacionamentos e a qualidade de vida.

No aspecto psicológico, o trauma pode levar a alterações significativas na percepção de si mesmo e do mundo. Uma baixa autoestima é comum, com indivíduos sentindo-se impotentes, frágeis ou fundamentalmente quebrados. Esses sentimentos podem ser exacerbados por uma perda de confiança nas próprias capacidades e no julgamento.

A desconfiança em relação aos outros é outro sintoma psicológico relevante. O trauma pode abalar a crença na bondade e na segurança das relações interpessoais, levando a um isolamento social (Z60.4 para isolamento social, não especificado) e à dificuldade em formar ou manter relacionamentos saudáveis. Esse isolamento, por sua vez, pode agravar outros sintomas emocionais e psicológicos.

A dissociação é uma resposta psicológica complexa ao trauma, onde o indivíduo pode se sentir desconectado de si mesmo, de seus sentimentos ou do mundo ao seu redor. Em casos extremos, pode ocorrer uma amnésia dissociativa (F44.0 para amnésia

dissociativa), na qual o indivíduo é incapaz de se lembrar de aspectos do trauma. A dissociação serve como um mecanismo de defesa, protegendo o indivíduo da dor emocional total do trauma, mas também pode interferir na recuperação e no processamento do trauma.

A hipervigilância é outro sintoma psicológico, caracterizado por um estado constante de alerta para ameaças. Isso pode levar a uma exaustão significativa, pois o indivíduo nunca consegue relaxar completamente. A hipervigilância é frequentemente acompanhada por uma resposta de sobressalto exagerada, onde pequenos estímulos ou surpresas provocam reações intensas.

Os sintomas de evitação também são comuns, com indivíduos evitando pessoas, lugares ou atividades que lembram o trauma. Embora isso possa proporcionar alívio temporário, a longo prazo, pode limitar a vida do indivíduo e impedir a exposição a situações que poderiam desafiar ou modificar suas respostas traumáticas.

Cognitivamente, o trauma pode levar a dificuldades de concentração e memória. Indivíduos podem achar difícil se concentrar em tarefas ou reter novas informações, o que pode afetar o desempenho no trabalho ou na escola. Além disso, a ruminação sobre o trauma ou preocupações excessivas com possíveis futuras ameaças podem consumir grande parte da capacidade cognitiva do indivíduo.

A culpa e a vergonha são emoções psicológicas profundamente enraizadas que muitos sobreviventes de trauma experimentam. Eles podem se culpar pelo que aconteceu ou sentir vergonha por suas respostas ao trauma. Esses sentimentos podem ser particularmente desafiadores para superar e requerem uma abordagem compassiva e compreensiva no processo de recuperação.

A compreensão dos sintomas físicos, emocionais e psicológicos do trauma é essencial para o desenvolvimento de estratégias de tratamento eficazes. A abordagem terapêutica deve ser holística, reconhecendo a interconexão desses sintomas e visando apoiar o indivíduo em todas as dimensões de seu ser.

Por fim, é crucial reconhecer a resiliência e a capacidade de recuperação dos indivíduos. Com apoio adequado, é possível superar os sintomas traumáticos e reconstruir um sentido de normalidade e bem-estar. O caminho para a recuperação pode ser desafiador, mas a esperança e a cura são possíveis para aqueles que enfrentam os efeitos de traumas psicológicos.

O CONCEITO DE MEMÓRIAS TRAUMÁTICAS E FLASHBACKS

O Capítulo 3 aborda profundamente o conceito de memórias traumáticas e flashbacks, elementos cruciais na compreensão das consequências psicológicas de experiências traumáticas, como o transtorno de estresse pós-traumático (TEPT - F43.1). Este segmento explora não apenas a natureza dessas memórias, mas também como elas afetam os indivíduos no presente e interferem em sua capacidade de viver uma vida plena e saudável.

Memórias traumáticas diferem significativamente das memórias de eventos cotidianos devido à intensidade do estresse emocional e físico experimentado durante o evento traumático. Enquanto memórias normais podem desvanecer ou se tornar menos precisas com o tempo, memórias traumáticas frequentemente permanecem vívidas e intrusivas, invadindo a consciência sem aviso, desencadeando uma série de respostas emocionais e físicas.

Um aspecto distintivo das memórias traumáticas é a sua natureza fragmentada. Ao contrário das memórias normais, que tendem a formar uma narrativa coerente, as memórias traumáticas podem surgir como fragmentos desconexos de imagens, sons, cheiros ou sensações físicas. Essa fragmentação pode tornar difícil para o indivíduo processar e integrar a experiência traumática em sua história de vida.

Os flashbacks são uma manifestação particularmente perturbadora das memórias traumáticas. Durante um flashback, o indivíduo sente como se estivesse revivendo o trauma no presente, com uma intensidade emocional e física que pode ser tão avassaladora quanto a experiência original. Flashbacks podem ser desencadeados por estímulos que lembram o indivíduo do trauma, mas também podem ocorrer aparentemente sem gatilho.

A natureza vivida dos flashbacks pode confundir a linha entre passado e presente, levando o indivíduo a sentir como se o perigo ou a dor do evento traumático fossem imediatos. Essa confusão temporal pode ser profundamente desorientadora e contribuir para sentimentos de medo, vulnerabilidade e isolamento.

A resposta do corpo durante flashbacks reflete a resposta de luta ou fuga ativada durante o trauma original. O indivíduo pode experimentar aumento da frequência cardíaca (R00.2 para palpitações), sudorese (R61 para hiperidrose), tremores (R25.1 para tremor, não especificado) ou até mesmo sensações de dor que foram sentidas durante o evento traumático. Essas respostas físicas não são meramente recordações; para o indivíduo, elas são experiências presentes e reais.

Do ponto de vista psicológico, os flashbacks podem levar a um aumento significativo na ansiedade (F41.9 para transtorno de ansiedade, não especificado), depressão (F32.9 para episódio depressivo, não especificado) e estresse pós-traumático. O medo de experimentar flashbacks pode fazer com que o indivíduo evite situações, lugares ou pessoas que possam desencadear essas memórias, limitando severamente sua capacidade de funcionar e se envolver com a vida.

A evitação, um sintoma central do transtorno de estresse pós-traumático (TEPT - F43.1), é frequentemente uma tentativa de controlar a ocorrência de flashbacks e a intensidade das memórias traumáticas. No entanto, essa estratégia pode reforçar o ciclo de medo e ansiedade, criando um campo minado de possíveis gatilhos no ambiente do indivíduo.

A reexperiência de memórias traumáticas através de flashbacks também pode afetar a autoimagem e a identidade do indivíduo. O constante reviver do trauma pode fazer com que a pessoa se veja primariamente através da lente dessa experiência, influenciando negativamente a autoestima (F33.9 para transtorno depressivo recorrente, não especificado) e a sensação de valor próprio.

A dissociação é outro mecanismo de defesa que pode acompanhar as memórias traumáticas e flashbacks. Durante episódios dissociativos (F44.9 para transtorno dissociativo [de conversão], não especificado), o indivíduo pode se sentir desconectado de si mesmo ou de sua realidade, como se estivesse observando os eventos de fora. Embora possa proporcionar um alívio temporário da dor do trauma, a dissociação pode complicar o processo de cura ao impedir o processamento emocional da experiência.

A hipervigilância é uma resposta comum entre aqueles que lutam com memórias traumáticas e flashbacks. O constante estado de alerta para possíveis ameaças pode ser exaustivo e contribuir para a dificuldade em relaxar e se sentir seguro, mesmo em ambientes que são objetivamente seguros.

O tratamento de memórias traumáticas e flashbacks geralmente envolve terapias que ajudam o indivíduo a processar e integrar a experiência traumática de maneira saudável. Abordagens como a terapia cognitivo-comportamental (TCC), a terapia de exposição e a terapia de processamento cognitivo (TPC) têm se mostrado eficazes na redução da frequência e intensidade dos flashbacks e na melhoria da qualidade de vida.

A narrativa terapêutica, onde o indivíduo é encorajado a contar sua história de trauma, pode ajudar a criar uma narrativa coerente das memórias fragmentadas. Este processo pode facilitar a integração do trauma na história de vida do indivíduo, reduzindo o poder perturbador das memórias.

O suporte social desempenha um papel crucial na recuperação de traumas psicológicos. A compreensão, a aceitação e o apoio de amigos, familiares e profissionais podem fornecer um ambiente seguro para o indivíduo explorar e processar suas experiências traumáticas.

Por fim, é importante reconhecer que, embora as memórias traumáticas e os flashbacks possam ser aspectos desafiadores da experiência pós-traumática, a recuperação é possível. Com tratamento adequado e apoio, os indivíduos podem encontrar maneiras de viver uma vida plena, apesar das dificuldades impostas por suas experiências passadas. A jornada de cura é profundamente pessoal e pode exigir paciência e compreensão, mas a superação das memórias traumáticas e a reconstrução de um sentido de segurança e propósito são objetivos alcançáveis.

COMPORTAMENTOS DE EVITAÇÃO E SUAS CONSEQUÊNCIAS

O Capítulo 3 aborda um aspecto crucial do impacto dos traumas psicológicos: os comportamentos de evitação (F43.1 para Transtorno de Estresse Pós-Traumático, TEPT, onde a evitação é um sintoma característico) e suas consequências. A evitação é uma estratégia comum empregada por indivíduos que sofreram traumas, na tentativa de minimizar o sofrimento emocional associado às memórias traumáticas. Este segmento explora a natureza desses comportamentos, suas implicações a curto e longo prazo, e o impacto que podem ter na recuperação e na qualidade de vida do indivíduo.

Comportamentos de evitação referem-se a qualquer ação ou inação deliberada para evitar pensamentos, sentimentos, conversas, lugares, pessoas ou atividades que possam desencadear lembranças de um trauma. Inicialmente, esses comportamentos podem parecer benéficos, pois oferecem um alívio temporário da dor e do desconforto associados às memórias traumáticas. No entanto, a evitação apenas adia o enfrentamento das emoções e pensamentos difíceis, podendo, a longo prazo, aumentar o sofrimento e complicar o processo de cura.

Um dos efeitos imediatos da evitação é a redução da ansiedade (F41.9 para Transtorno de Ansiedade, Não Especificado). Ao evitar gatilhos traumáticos, o indivíduo pode sentir um alívio temporário da tensão e do estresse. Esse alívio, contudo, é frequentemente de curta duração, pois a ameaça do trauma permanece não resolvida, mantendo o indivíduo em um estado de alerta e ansiedade crônicos.

A longo prazo, os comportamentos de evitação podem levar a um estreitamento da vida do indivíduo. À medida que a lista de gatilhos potenciais cresce, as atividades e os espaços nos quais a pessoa se sente segura tornam-se cada vez mais limitados. Isso pode resultar em isolamento social (Z60.4 para Isolamento Social, Não Especificado), perda de oportunidades de emprego, hobbies e atividades de lazer, afetando profundamente a qualidade de vida.

O isolamento social é uma das consequências mais significativas e prejudiciais dos comportamentos de evitação. O medo de enfrentar gatilhos traumáticos pode levar os indivíduos a se afastarem de amigos, familiares e comunidades. Esse isolamento não apenas priva a pessoa de apoio emocional e social, mas também pode reforçar sentimentos de solidão, tristeza (F32.9 para Episódio Depressivo, Não Especificado) e desesperança.

Os comportamentos de evitação também podem ter um impacto negativo nas relações interpessoais. A incapacidade de participar de atividades sociais ou a necessidade constante de evitar certos tópicos de conversa podem criar tensões e mal-entendidos com entes queridos, amigos e colegas de trabalho. Isso pode levar a um ciclo de isolamento e mal-estar emocional ainda maior.

Do ponto de vista psicológico, a evitação contínua pode impedir o indivíduo de processar e integrar a experiência traumática. O enfrentamento, embora difícil, é uma parte essencial da cura, permitindo que a pessoa elabore o trauma e reduza seu impacto emocional. Sem esse processamento, o trauma pode continuar a exercer uma influência significativa sobre o estado emocional e comportamental do indivíduo.

A evitação também pode contribuir para o desenvolvimento e a manutenção de transtornos de ansiedade (F41.0 para Transtorno de Pânico [Ansiedade Paroxística

Episódica]) e depressão (F33.9 para Transtorno Depressivo Recorrente, Não Especificado). Ao evitar enfrentar o trauma e seus gatilhos, o indivíduo pode experimentar um aumento na ansiedade geral, preocupações, e episódios depressivos, exacerbando o sofrimento psicológico.

Em termos físicos, a tensão constante associada à evitação e ao estado de alerta pode levar a problemas de saúde, como dores crônicas (F45.41 para Síndrome da Dor Somatoforme Persistente), problemas de sono (F51.9 para Transtorno do Sono Não Orgânico, Não Especificado), distúrbios alimentares (F50.9 para Transtorno Alimentar, Não Especificado) e outras condições relacionadas ao estresse (F43.9 para Reação ao Estresse Grave e Transtornos de Ajustamento, Não Especificado). Essas questões de saúde podem, por sua vez, reforçar o ciclo de evitação, à medida que o indivíduo tenta evitar também as situações que podem exacerbar esses problemas físicos.

A evitação impede o desenvolvimento de estratégias de enfrentamento eficazes. Sem a oportunidade de enfrentar e superar os gatilhos traumáticos, o indivíduo pode se sentir cada vez mais impotente e incapaz de lidar com desafios, tanto relacionados ao trauma quanto a situações cotidianas.

A superação dos comportamentos de evitação requer um esforço consciente e, muitas vezes, o apoio de profissionais de saúde mental. Terapias como a Terapia Cognitivo-Comportamental (TCC) e a Terapia de Exposição podem ser particularmente eficazes, ajudando o indivíduo a enfrentar gradualmente seus medos e a desenvolver mecanismos de enfrentamento mais saudáveis.

O processo de reduzir a evitação e enfrentar o trauma pode ser desafiador e, por vezes, doloroso. No entanto, é um passo crucial na jornada de recuperação, permitindo ao indivíduo reconectar-se com sua vida, suas relações e seus objetivos futuros.

A reintegração de atividades e espaços anteriormente

evitados pode ser uma experiência poderosamente libertadora. À medida que o indivíduo começa a enfrentar seus medos, ele pode redescobrir prazeres e interesses que foram perdidos devido ao trauma e à evitação.

O apoio de amigos, familiares e profissionais durante este processo é vital. Um ambiente de compreensão e aceitação pode fornecer a segurança emocional necessária para o indivíduo explorar e superar seus comportamentos de evitação.

Finalmente, é importante reconhecer a evitação como uma resposta natural ao trauma, e não como uma falha ou fraqueza do indivíduo. A compreensão e a compaixão

por si mesmo são componentes essenciais na superação dos comportamentos de evitação e na construção de uma vida mais plena e satisfatória após o trauma.

Em suma, os comportamentos de evitação são uma tentativa compreensível de lidar com o trauma, mas suas consequências a longo prazo podem ser profundamente limitantes e prejudiciais. Reconhecer e abordar esses comportamentos é um passo crucial na jornada de recuperação, abrindo caminho para uma vida mais rica e conectada.

CAPÍTULO 4: TRAUMAS EM DIFERENTES FASES DA VIDA

TRAUMAS NA INFÂNCIA E SEU IMPACTO A LONGO PRAZO

O Capítulo 4 explora os traumas na infância e seu impacto a longo prazo, um tema de grande relevância na psicologia do desenvolvimento e na psicoterapia. Traumas vivenciados durante a infância podem ter efeitos profundos e duradouros, influenciando o desenvolvimento emocional, social e cognitivo de uma pessoa ao longo de sua vida. Este segmento aprofunda-se nas diversas maneiras pelas quais traumas precoces moldam o indivíduo, destacando a importância de intervenções adequadas para mitigar seus efeitos negativos.

Traumas na infância abrangem uma ampla gama de experiências negativas, incluindo abuso físico (T74.1 para Abuso Físico Confirmado), emocional (T74.3 para Abuso Psicológico Confirmado) e sexual (T74.2 para Abuso Sexual

"

Confirmado), negligência (T74.0 para Negligência Confirmada), perda de entes queridos (Z63.4 para Disrupção da Família pela Morte), e exposição à violência doméstica (T74.1) ou a desastres naturais (T74.3). Esses eventos traumáticos podem interromper o desenvolvimento normal, afetando a capacidade da criança de confiar nos outros, regular emoções e desenvolver uma imagem positiva de si mesma.

Um dos impactos mais imediatos e visíveis dos traumas na infância é a interrupção do desenvolvimento emocional. Crianças que experimentam trauma podem ter dificuldade em entender e expressar suas emoções de maneira saudável. Isso pode levar a problemas de regulação emocional, manifestando-se em explosões de raiva (F91.3 para Transtornos de Conduta), ansiedade intensa (F93.0 para Transtorno de Ansiedade de Separação na Infância), depressão (F32.9 para Episódio Depressivo, Não

Especificado) ou retraimento emocional (F93.8 para Outros Transtornos Emocionais na Infância).

Do ponto de vista do desenvolvimento social, traumas na infância frequentemente resultam em dificuldades nas relações interpessoais. A desconfiança em relação aos adultos e aos pares pode tornar difícil para a criança estabelecer e manter amizades. Além disso, a falta de modelos de relacionamentos saudáveis pode prejudicar sua capacidade de formar vínculos seguros e significativos no futuro.

Cognitivamente, o trauma pode afetar a capacidade de aprendizado e concentração da criança. A exposição constante ao estresse e à ansiedade pode comprometer o desenvolvimento de habilidades cognitivas essenciais, como atenção, memória e resolução de problemas. Isso pode resultar em dificuldades acadêmicas e, em casos extremos, em atrasos no desenvolvimento cognitivo (F81.9 para Transtorno Específico do Desenvolvimento da Aprendizagem Escolar, Não Especificado).

A longo prazo, os traumas na infância estão fortemente associados ao desenvolvimento de transtornos de saúde mental na adolescência e na idade adulta, incluindo transtorno de estresse pós-traumático (TEPT) (F43.1), depressão (F32.9), ansiedade (F41.9), transtornos alimentares (F50.9 para Transtorno Alimentar, Não Especificado) e abuso de substâncias (F10-F19 para Transtornos Mentais e Comportamentais Devidos ao Uso de Substância Psicoativa). Esses transtornos podem ser vistos como tentativas de lidar com a dor emocional não resolvida e com as memórias traumáticas.

Além disso, os efeitos dos traumas na infância não se limitam à saúde mental. Pesquisas indicam uma correlação entre traumas precoces e uma variedade de problemas de saúde física na vida adulta, como doenças cardíacas (I25.9 para Doença Cardíaca Crônica Isquêmica, Não Especificada), diabetes (E14.9 para Diabetes Mellitus, Não Especificado) e obesidade (E66.9 para Obesidade, Não Especificada). Isso sugere que o estresse traumático pode ter implicações de longo alcance, afetando não apenas o bem-estar psicológico, mas também a saúde física.

A resiliência desempenha um papel crucial na modulação dos impactos dos traumas na infância. Fatores de proteção, como relações de apoio com adultos confiáveis, habilidades de enfrentamento positivas e acesso a recursos comunitários, podem ajudar a mitigar os efeitos negativos do trauma e promover resultados mais positivos.

A intervenção precoce é fundamental para ajudar crianças traumatizadas a se recuperarem. Terapias focadas em trauma, como a terapia cognitivo-comportamental (TCC) e a terapia de processamento cognitivo (TPC), podem ser eficazes na resolução de memórias traumáticas e no desenvolvimento de estratégias de enfrentamento saudáveis.

A educação e o treinamento de pais e cuidadores também são componentes essenciais na resposta ao trauma na infância. Ensinar aos adultos como fornecer um ambiente seguro e amoroso, reconhecer sinais de sofrimento em crianças e promover práticas de cuidado sensíveis ao trauma pode fortalecer o sistema de apoio da criança.

Escolas e comunidades têm um papel importante a desempenhar na identificação de crianças em risco e na provisão de intervenções e apoio. Programas escolares que promovem a conscientização sobre o trauma e estratégias de resiliência podem criar ambientes mais seguros e acolhedores para todas as crianças.

A narrativa terapêutica, onde a criança é encorajada a contar sua história de trauma de maneira segura e estruturada, pode ser uma ferramenta poderosa para a cura. Através da narrativa, a criança pode começar a dar sentido à sua experiência, integrando o trauma à sua história de vida de uma maneira que reduza seu poder perturbador.

O envolvimento em atividades artísticas e lúdicas também oferece um meio valioso para crianças expressarem sentimentos e pensamentos que podem ser difíceis de verbalizar. A arte, a música e o jogo podem proporcionar uma saída para a expressão emocional e a exploração de experiências traumáticas em um ambiente seguro.

A construção de uma imagem positiva de si mesmo é um aspecto crucial da recuperação de traumas na infância. Terapias que focam no fortalecimento da autoestima e na promoção de uma identidade positiva podem ajudar a criança a superar sentimentos de culpa e vergonha associados ao trauma.

A adoção de uma abordagem holística para o tratamento e a recuperação é essencial. Isso inclui não apenas o foco na resolução do trauma, mas também no desenvolvimento de habilidades de vida, no fortalecimento das relações sociais e no apoio à saúde física.

Por fim, é vital reconhecer que, embora os traumas na infância possam ter impactos profundos, a recuperação é possível. Com o apoio adequado, as crianças podem superar as adversidades do trauma e seguir em direção a um futuro promissor. A capacidade de resiliência do ser humano, especialmente das crianças, não deve ser subestimada, e com o cuidado e o apoio corretos, o crescimento e a cura são alcançáveis.

TRAUMAS NA ADOLESCÊNCIA: BULLYING, ABUSO E NEGLIGÊNCIA

O Capítulo 4 se aprofunda na complexa temática dos traumas na adolescência, com um foco específico em experiências de bullying (Y07.5 para Assédio e intimidação física e psicológica), abuso (T74.0-T74.9 para Maus-tratos) e negligência (Z61.2 para História pessoal de negligência na infância). Esta fase de desenvolvimento, marcada por intensas transformações físicas, emocionais e sociais, pode ser particularmente vulnerável a impactos traumáticos, cujas consequências podem se estender por toda a vida adulta. A adolescência é um período crítico para a formação da identidade e autoestima, e experiências traumáticas como bullying, abuso e negligência podem severamente comprometer esses processos, levando a desafios significativos.

O impacto do bullying na saúde mental de adolescentes é profundo, podendo resultar em depressão (F32.9 para Episódio Depressivo, Não Especificado), ansiedade (F41.9 para Transtorno de Ansiedade, Não Especificado), isolamento social (Z60.4 para

Isolamento Social, Não Especificado) e, em casos extremos, pensamentos suicidas (X83 para Intenção Autoinfligida, Não Especificada). A natureza repetitiva e intencional do bullying pode levar a vítima a internalizar mensagens negativas sobre si mesma, prejudicando severamente a autoestima e o autoconceito.

O abuso, seja físico (T74.1 para Abuso Físico Confirmado), emocional (T74.3 para Abuso Psicológico Confirmado) ou sexual (T74.2 para Abuso Sexual Confirmado), representa uma violação grave da confiança e segurança que todos os adolescentes merecem. O trauma resultante do abuso pode distorcer a percepção que o jovem tem de si mesmo e dos outros, dificultando a formação de relações saudáveis e a confiança nas figuras de autoridade. Além disso, o abuso pode levar a comportamentos de risco, como o abuso de substâncias (F10-F19 para Transtornos Mentais e Comportamentais Devidos ao Uso de Substância Psicoativa), como uma forma de lidar com a dor emocional.

A negligência, frequentemente menos perceptível do que outras formas de maus-tratos, pode ser igualmente devastadora. Falhas em atender às necessidades físicas, emocionais e educacionais do adolescente podem deixar cicatrizes profundas, resultando em dificuldades de aprendizagem (F81.9 para Transtorno Específico do Desenvolvimento da Aprendizagem Escolar, Não Especificado), problemas de vinculação (F94.1 para Transtorno Reativo de Vinculação da Infância) e uma sensação persistente de desvalorização e invisibilidade.

Os efeitos dessas experiências traumáticas na saúde mental dos adolescentes são significativos e multifacetados. Transtornos de humor, como depressão e bipolaridade (F31.9 para Transtorno Afetivo Bipolar, Não Especificado), podem ser exacerbados ou desencadeados por traumas. Da mesma forma, transtornos de ansiedade, incluindo transtorno de ansiedade generalizada (F41.1) e transtorno de estresse pós-traumático (F43.1), podem ter suas raízes em experiências traumáticas durante a adolescência.

O impacto desses traumas na identidade de gênero e sexualidade também é notável. Adolescentes LGBTQ+ são frequentemente alvos de bullying e abuso, o que pode afetar negativamente sua autoaceitação e o processo de sair do armário. O medo da rejeição e o estigma associado à sua identidade podem levar a uma saúde mental significativamente comprometida.

A autoimagem e a autoestima são particularmente vulneráveis durante a adolescência. Experiências traumáticas podem distorcer a percepção que os jovens têm de seus corpos e de suas capacidades, levando a distúrbios alimentares (F50.9 para Transtorno Alimentar, Não Especificado) e outros problemas de imagem corporal.

O isolamento social é uma consequência comum e perniciosa do trauma na adolescência. A retirada de redes de apoio sociais e atividades anteriormente prazerosas pode não apenas agravar os sintomas de transtornos mentais existentes, mas também impedir o desenvolvimento de habilidades sociais essenciais.

A performance acadêmica pode ser severamente afetada pelo

trauma. Dificuldades de concentração, memória e motivação, frequentemente associadas a transtornos de ansiedade e depressão, podem prejudicar o aprendizado e o desempenho escolar, limitando oportunidades futuras de educação e emprego.

Comportamentos de risco, incluindo o uso de substâncias, automutilação (X78 para Intenção Autoinfligida por Objeto Cortante) e comportamento sexual de risco, são frequentemente adotados como mecanismos de enfrentamento disfuncionais. Esses comportamentos podem levar a consequências de longo prazo, incluindo dependência, doenças e gravidez na adolescência.

A prevenção e intervenção precoces são essenciais para mitigar os efeitos do trauma na adolescência. Programas escolares e comunitários focados na construção de habilidades sociais e emocionais, bem como na conscientização e prevenção do bullying e abuso, são fundamentais.

O papel dos educadores e profissionais de saúde mental na identificação e apoio a adolescentes em risco não pode ser subestimado. A criação de ambientes seguros onde os jovens se sintam confortáveis para compartilhar suas experiências é crucial para a intervenção precoce.

Terapias baseadas em evidências, como a terapia cognitivo-comportamental (TCC) (F43.1 para TEPT) e a terapia de processamento cognitivo (TPC), têm se mostrado eficazes no tratamento de traumas na adolescência. Estas abordagens podem ajudar os jovens a processar suas experiências traumáticas e desenvolver estratégias de enfrentamento saudáveis.

O envolvimento da família no processo terapêutico é vital. A família pode fornecer um sistema de apoio essencial, promovendo um ambiente de cura e compreensão. Terapias familiares podem ser particularmente úteis em casos de negligência ou abuso dentro do lar.

A promoção da resiliência é um objetivo chave no tratamento de traumas na adolescência. Fortalecer a capacidade do jovem de se recuperar de adversidades e desenvolver uma sensação de autoeficácia pode ter um impacto positivo duradouro em sua saúde mental e bem-estar.

A importância do autocuidado e do desenvolvimento de hobbies e interesses saudáveis como parte do processo de recuperação não pode ser subestimada. Atividades que promovem a expressão criativa, como arte e música, podem oferecer válvulas de escape terapêuticas para emoções e pensamentos difíceis.

A integração de práticas de atenção plena e técnicas de relaxamento nas rotinas diárias pode ajudar a gerenciar os sintomas de ansiedade e depressão (F41.9 e F32.9, respectivamente), promovendo uma sensação de calma e controle.

A reconstrução da confiança nas relações interpessoais é um aspecto crucial da recuperação. Através de terapias e apoio social, os adolescentes podem aprender a estabelecer limites saudáveis e a construir relações baseadas no respeito mútuo e confiança.

O empoderamento dos adolescentes para se tornarem defensores de si mesmos e dos outros é uma estratégia poderosa para prevenir o bullying e o abuso. Programas de liderança juvenil e iniciativas de defesa podem fornecer aos jovens as ferramentas necessárias para promover mudanças positivas em suas comunidades.

Por fim, é essencial reconhecer a capacidade de recuperação dos adolescentes. Com o apoio adequado e intervenções direcionadas, os jovens podem superar os impactos do trauma e seguir em direção a um futuro promissor. A resiliência, embora muitas vezes testada, não está fora do alcance, e a jornada de recuperação pode levar a um crescimento e fortalecimento significativos.

TRAUMAS NA IDADE ADULTA: ACIDENTES, PERDAS E VIOLÊNCIA

O Capítulo 4 aborda os traumas na idade adulta, com um enfoque particular nos acidentes (V01-X59, Y85-Y86 para acidentes e suas consequências), perdas (Z63.4 para Disrupção da Família pela Morte) e experiências de violência (X85-Y09 para agressões). Esta fase da vida, embora marcada por uma maior maturidade emocional e estabilidade, não está imune aos impactos devastadores de eventos traumáticos. Tais experiências podem alterar profundamente a percepção de segurança, autonomia e bem-estar de um indivíduo, exigindo uma análise detalhada e um entendimento compassivo.

Os acidentes, sejam eles automobilísticos (V01-V99 para acidentes de transporte), de trabalho (W00-X58 para outros acidentes externos) ou domésticos, representam uma das formas mais comuns de trauma na idade adulta. O súbito choque e a violência de tais eventos podem deixar marcas físicas e psicológicas duradouras. Além das lesões corporais, os sobreviventes podem enfrentar transtorno de estresse pós-traumático (F43.1 para TEPT), ansiedade (F41.9 para Transtorno de Ansiedade, Não Especificado), depressão (F32.9 para Episódio Depressivo, Não Especificado) e fobias específicas (F40.2 para Fobia Específica) relacionadas ao tipo de acidente sofrido.

A perda de entes queridos é uma experiência universalmente dolorosa, mas quando ocorre de maneira abrupta ou traumática, como em casos de homicídio (X85-Y09 para agressões), suicídio (X60-X84 para Lesões autoprovocadas intencionalmente) ou acidentes, o luto pode se tornar particularmente complexo. A dor da perda é frequentemente acompanhada por sentimentos de culpa, raiva, incredulidade e um profundo senso de injustiça, complicando o processo de luto e podendo levar a um luto prolongado ou complicado (F43.21 para Transtorno de Luto Prolongado).

A violência, seja ela experimentada diretamente ou como testemunha, pode ter efeitos profundamente perturbadores na psique adulta. Isso inclui violência doméstica (T74.1 para Abuso Físico Confirmado; T74.3 para Abuso Psicológico Confirmado), assalto (X85-Y09 para agressões), violência sexual (T74.2 para Abuso Sexual Confirmado) e experiências de guerra (Y36 para Operações de guerra). Tais eventos podem desencadear uma série de respostas psicológicas, incluindo medo crônico, hipervigilância, desconfiança nas relações interpessoais e dificuldades em sentir prazer ou alegria.

O impacto desses traumas na identidade e no senso de self é significativo. Adultos que passam por tais experiências podem questionar suas crenças fundamentais sobre o mundo, percebendo-o como um lugar fundamentalmente inseguro. Isso pode levar a uma reavaliação de valores, prioridades e objetivos de vida, às vezes resultando em mudanças positivas, mas frequentemente acompanhadas de grande angústia e incerteza.

A resiliência, enquanto uma capacidade de se recuperar e adaptar após eventos traumáticos, varia significativamente entre indivíduos. Fatores como redes de apoio social, recursos internos, como otimismo e senso de coerência, e acesso a cuidados de saúde mental de qualidade podem influenciar significativamente a trajetória de recuperação de uma pessoa.

Intervenções terapêuticas, especialmente aquelas focadas no trauma, como a terapia cognitivo-comportamental (F43.1 para TEPT) e a terapia de exposição prolongada (F43.1 para TEPT), têm mostrado eficácia na ajuda aos indivíduos a processar suas experiências traumáticas e a desenvolver estratégias de enfrentamento mais saudáveis.

A importância do apoio social não pode ser subestimada. A solidariedade de amigos, familiares e grupos de apoio pode fornecer um espaço seguro para a expressão de sentimentos e pensamentos, além de oferecer um senso de pertencimento e compreensão que é vital para a recuperação.

A expressão criativa, através da arte, música ou escrita, pode ser uma ferramenta terapêutica poderosa na jornada de cura. Através dessas modalidades, os indivíduos podem encontrar formas não verbais de expressar emoções e processar eventos traumáticos, facilitando a integração do trauma à sua história de vida.

A atenção plena e práticas meditativas podem ajudar a reduzir os sintomas de ansiedade (F41.9) e depressão (F32.9), promovendo um estado de calma e presença que pode ser particularmente benéfico para aqueles que experimentaram traumas. Essas práticas podem aumentar a consciência corporal e ajudar a regular as respostas emocionais.

A educação sobre o trauma e suas consequências pode empoderar os indivíduos, fornecendo-lhes uma compreensão dos seus próprios comportamentos e reações, além de estratégias para lidar com gatilhos e sintomas. Conhecimento é poder, especialmente quando se trata de navegar no caminho da recuperação.

O papel do ambiente físico na recuperação de traumas também é digno de nota. Espaços seguros, confortáveis e acolhedores podem servir como refúgios contra o estresse e a ansiedade (F41.9), facilitando o processo de cura.

A reintegração social e profissional é um aspecto crucial da recuperação, especialmente para aqueles cujos traumas interferiram em sua capacidade de trabalhar ou participar de atividades sociais. Programas de reabilitação profissional e social podem oferecer o suporte necessário para essa transição.

A adoção de um estilo de vida saudável, incluindo exercícios físicos regulares, alimentação balanceada e sono adequado, pode ter um impacto positivo significativo na saúde mental e no bem-estar geral, auxiliando na recuperação do trauma.

A espiritualidade e a fé, para muitos, oferecem uma fonte de conforto, esperança e orientação no processo de recuperação. Práticas espirituais podem oferecer um sentido de propósito e conexão que é profundamente curativo para alguns indivíduos.

Finalmente, a importância de paciência e gentileza para consigo mesmo durante o processo de recuperação não pode ser subestimada. A cura do trauma é frequentemente um processo longo e não linear, repleto de altos e baixos. Reconhecer e aceitar essa realidade pode ajudar a aliviar a frustração e o desânimo que muitas vezes acompanham a jornada de recuperação.

Em suma, os traumas na idade adulta, sejam eles resultantes de acidentes, perdas ou violência, apresentam desafios significativos, mas também oportunidades para crescimento e transformação. Com os recursos e apoios adequados, a recuperação e a resiliência são possíveis, permitindo aos indivíduos reconstruir suas vidas com nova força e propósito.

CAPÍTULO 5: TRANSTORNOS RELACIONADOS AO TRAUMA

TRANSTORNO DE ESTRESSE PÓS-TRAUMÁTICO (TEPT)

O Capítulo 5 do livro se dedica ao Transtorno de Estresse Pós-Traumático (TEPT, CID-10: F43.1), uma condição complexa e multifacetada que pode emergir após a exposição a um ou mais eventos traumáticos. Este transtorno representa uma das respostas psicológicas mais desafiadoras aos traumas, caracterizando-se por uma série de sintomas que podem afetar profundamente a qualidade de vida e o funcionamento diário do indivíduo. A compreensão do TEPT exige uma abordagem detalhada, que considere os aspectos biológicos, psicológicos e sociais envolvidos na sua manifestação e manutenção.

Inicialmente, é fundamental reconhecer a natureza dos eventos traumáticos que podem levar ao desenvolvimento do TEPT. Estes eventos são tipicamente caracterizados por ameaças à vida ou à integridade física, seja do próprio indivíduo ou de outrem, e podem incluir experiências de violência (CID-10: X85-Y09 para agressões), abuso (CID-10: T74 para Maus-tratos), desastres naturais (CID-10: X34 para Exposição a forças da natureza), acidentes graves (CID-10: V01-X59 para acidentes), entre outros. A percepção subjetiva do evento, incluindo o sentimento de horror, medo extremo ou impotência, é um componente crítico na reação ao trauma e no subsequente desenvolvimento do transtorno.

Os sintomas do TEPT são categorizados em quatro grupos principais: reexperimentação do trauma, evitação de estímulos associados ao trauma, alterações negativas no pensamento e no humor, e hiperativação. A reexperimentação pode ocorrer através de flashbacks, pesadelos (CID-10: F51.5 para Distúrbios do sono não orgânicos, pesadelos) e pensamentos intrusivos sobre o evento, enquanto a evitação refere-se ao esforço para evitar pensamentos, sentimentos ou conversas sobre o trauma, bem como lugares, pessoas ou atividades que remetam ao evento.

As alterações no pensamento e no humor podem incluir crenças negativas persistentes sobre si mesmo, os outros ou o mundo; distorções cognitivas que culpam a si mesmo ou outros pelo evento traumático; sentimentos persistentes de medo, horror, raiva, culpa ou vergonha; e uma diminuição significativa no interesse ou participação em atividades significativas. A hiperativação manifesta-se por irritabilidade (CID-10: F43.23 para Alterações do humor associadas ao TEPT), comportamentos agressivos, hipervigilância, reações exageradas de sobressalto, dificuldades de concentração (CID-10: F43.8 para Outras reações ao estresse grave) e problemas de sono (CID-10: F51 para Distúrbios do sono não orgânicos).

A neurobiologia do TEPT revela alterações no cérebro, especialmente em áreas relacionadas ao processamento do medo, como o hipocampo, a amígdala e o córtex pré-frontal. Estas alterações podem explicar a intensidade dos sintomas de reexperimentação e hiperativação, bem como as dificuldades na regulação emocional e na extinção da memória do trauma.

O diagnóstico do TEPT requer uma avaliação cuidadosa por profissionais de saúde mental, utilizando critérios diagnósticos específicos e instrumentos de avaliação padronizados. É crucial diferenciar o TEPT de outros transtornos psiquiátricos que podem apresentar sintomas semelhantes, como transtornos de ansiedade (CID-10: F41 para outros transtornos de ansiedade), depressão (CID-10: F32 para episódios depressivos) e transtorno de ajustamento (CID-10: F43.2).

O tratamento do TEPT é multifacetado, envolvendo abordagens psicoterapêuticas e, em alguns casos, farmacológicas. A terapia cognitivo-comportamental (TCC), especialmente a terapia de exposição prolongada (PE) e a terapia cognitiva para TEPT, tem se mostrado eficaz na redução dos sintomas. Outras abordagens, como a terapia de processamento cognitivo (CPT), EMDR (Dessensibilização e Reprocessamento por Movimentos Oculares) e terapias baseadas em mindfulness, também demonstraram eficácia.

A importância do apoio social no tratamento do TEPT não pode ser subestimada. A inclusão de familiares e amigos no processo terapêutico pode fortalecer a rede de apoio do indivíduo, oferecendo um ambiente propício à recuperação. Grupos de apoio para pessoas com TEPT também podem proporcionar um espaço de compartilhamento de experiências e estratégias de enfrentamento.

A prevenção do TEPT envolve a implementação de intervenções precoces após a exposição a um evento traumático, como o debriefing psicológico e programas de gestão do estresse. A educação sobre os sinais e sintomas do TEPT para profissionais de saúde, primeiros socorros e a população em geral também é crucial para a identificação e tratamento precoces.

Por fim, a pesquisa continua a ser um componente vital para a compreensão do TEPT. Estudos futuros devem explorar não apenas os mecanismos subjacentes e as intervenções terapêuticas, mas também fatores de resiliência e proteção que podem mitigar o impacto dos eventos traumáticos. O objetivo é não apenas tratar o TEPT, mas também prevenir sua ocorrência e promover uma recuperação duradoura e significativa para aqueles afetados por traumas.

TRANSTORNO DE ESTRESSE AGUDO

O Transtorno de Estresse Agudo (TEA, CID-10: F43.0) é uma condição psicológica que se manifesta como uma resposta imediata e intensa a um evento traumático. Este capítulo visa explorar em profundidade as características, causas, sintomas, diagnóstico, tratamento e prevenção do TEA, fornecendo um guia abrangente para profissionais da saúde mental, pacientes e seus familiares.

O TEA é caracterizado por uma variedade de sintomas que podem ser agrupados em categorias como sintomas intrusivos, sintomas negativos de humor e cognição, sintomas dissociativos, sintomas de evitação e sintomas de hiperativação. Estes sintomas surgem imediatamente após a experiência de um evento traumático, como desastres naturais (CID-10: X34 para Exposição a forças da natureza), acidentes graves (CID-10: V01-X59 para acidentes), violência física (CID-10: X85-Y09 para agressões) ou sexual (CID-10: T74.2 para Abuso sexual confirmado), entre outros, e podem persistir por até um mês.

Os sintomas intrusivos são marcados pela recorrência involuntária e angustiante de lembranças do evento traumático. Isso pode incluir flashbacks, pesadelos (CID-10: F51.5 para Distúrbios do sono não orgânicos, pesadelos) e pensamentos perturbadores que invadem a mente sem aviso, causando grande estresse e dificuldade para se concentrar nas atividades diárias.

Os sintomas negativos de humor e cognição refletem as mudanças na percepção do indivíduo sobre si mesmo, os outros e o mundo ao seu redor. Podem incluir sentimentos de desesperança, dificuldade em experimentar emoções positivas, amnésia dissociativa relacionada ao trauma (CID-10: F44.0 para Amnésia dissociativa) e crenças distorcidas sobre a causa ou consequências do evento traumático.

Os sintomas dissociativos são particularmente distintivos do TEA, manifestando-se como uma sensação de distanciamento ou desrealização (CID-10: F44.1 para Fuga dissociativa), onde o indivíduo se sente desconectado de si mesmo ou de sua realidade. Algumas pessoas podem experimentar alterações na percepção do tempo, sentindo como se o tempo estivesse passando lentamente ou como se estivessem vivendo o evento em câmera lenta.

Os sintomas de evitação referem-se aos esforços do indivíduo para evitar memórias, pensamentos, sentimentos ou conversas sobre o evento traumático, bem como lugares, atividades ou pessoas que possam evocar lembranças do trauma. Esta evitação pode interferir significativamente nas relações sociais e no funcionamento diário.

Sintomas de hiperativação incluem irritabilidade (CID-10: F43.23 para Alterações do humor associadas ao TEPT), dificuldade em dormir (CID-10: F51 para Distúrbios do sono não orgânicos), hipervigilância, resposta de sobressalto exagerada e concentração prejudicada (CID-10: F43.8 para Outras reações ao estresse grave). Estes sintomas refletem um estado de alerta constante e podem ser exaustivos para o indivíduo afetado.

O diagnóstico do TEA é realizado por um profissional de saúde mental qualificado, com base nos critérios estabelecidos no Manual Diagnóstico e Estatístico de Transtornos Mentais (DSM-5). É importante diferenciar o TEA de outros transtornos relacionados ao trauma, como o Transtorno de Estresse Pós-Traumático (TEPT, CID-10: F43.1), que tem uma duração mais longa dos sintomas.

O tratamento do TEA envolve uma abordagem multidisciplinar, incluindo psicoterapia, como a Terapia Cognitivo-Comportamental (TCC) e a Terapia de Exposição, e, em alguns casos, medicação para gerenciar os sintomas de ansiedade (CID-10: F41 para outros transtornos de ansiedade) e depressão (CID-10: F32 para episódios depressivos). Intervenções precoces são cruciais para prevenir a progressão para o TEPT.

A Terapia de Exposição Prolongada (PE) é uma forma eficaz de tratamento que envolve a exposição gradual e controlada ao pensamento ou memória do evento traumático, ajudando o indivíduo a processar e integrar a experiência traumática de maneira saudável.

A Terapia de Processamento Cognitivo (CPT) é outra abordagem útil, que foca em identificar e desafiar crenças errôneas relacionadas ao trauma, promovendo uma compreensão mais realista e adaptativa do evento e de suas consequências.

O suporte social desempenha um papel crucial na recuperação do TEA, fornecendo um ambiente seguro e compreensivo onde o indivíduo pode compartilhar suas experiências e sentimentos. Grupos de apoio e terapia familiar podem ser particularmente benéficos.

A prevenção do TEA envolve estratégias para fortalecer a resiliência antes da exposição a eventos traumáticos, bem como intervenções imediatas após a ocorrência do trauma, como o debriefing psicológico, para ajudar a processar a experiência de maneira saudável.

A pesquisa contínua é vital para aprofundar nossa compreensão do TEA, identificar fatores de risco e resiliência, e desenvolver tratamentos mais eficazes. Estudos futuros devem explorar a eficácia de diferentes abordagens terapêuticas e estratégias de prevenção.

Em conclusão, o Transtorno de Estresse Agudo é uma resposta complexa a eventos traumáticos que exige uma abordagem cuidadosa e compreensiva para o diagnóstico e tratamento. Com o apoio adequado e intervenções eficazes, é possível superar os sintomas do TEA e avançar em direção à recuperação e ao bem-estar.

TRANSTORNOS DE ANSIEDADE E DEPRESSÃO RELACIONADOS AO TRAUMA

O Capítulo 5, dedicado aos Transtornos de Ansiedade (CID-10: F41) e Depressão (CID-10: F32) Relacionados ao Trauma, aprofunda-se na complexa interseção entre experiências traumáticas e o desenvolvimento subsequente de condições psicológicas profundamente impactantes. Esta seção do livro visa desvendar as nuances desses transtornos, suas origens, manifestações, diagnósticos e abordagens terapêuticas, proporcionando um entendimento abrangente tanto para profissionais da saúde mental quanto para indivíduos afetados e seus entes queridos.

Transtornos de ansiedade e depressão relacionados ao trauma emergem como respostas a eventos profundamente perturbadores ou traumáticos, tais como desastres naturais (CID-10: X34 para Exposição a forças da natureza), acidentes graves (CID-10: V01-X59 para acidentes), violência física (CID-10: X85-Y09 para agressões) ou emocional. O impacto desses eventos sobre o indivíduo pode ser profundo, alterando sua percepção de segurança, autoestima e capacidade de enfrentar desafios futuros.

A relação entre trauma e o desenvolvimento de ansiedade e depressão é mediada por uma série de fatores, incluindo a história pessoal do indivíduo, sua resiliência psicológica, apoio social disponível e predisposições genéticas. Esses fatores contribuem para a complexidade do diagnóstico e tratamento desses transtornos, exigindo uma abordagem personalizada e multifacetada.

Os sintomas de ansiedade relacionados ao trauma podem manifestar-se como uma sensação persistente de nervosismo ou pavor, dificuldade de concentração, irritabilidade, hipervigilância e reações exageradas a estímulos que remetem ao evento traumático. Esses sintomas não apenas dificultam o dia a dia, mas também podem levar a um estado de esgotamento emocional e físico.

Por outro lado, a depressão relacionada ao trauma pode envolver sentimentos persistentes de tristeza, desesperança e desinteresse por atividades anteriormente prazerosas. Pode-se observar também alterações no apetite e no sono, fadiga, sentimentos de inutilidade ou culpa excessiva e, em casos graves, pensamentos recorrentes de morte ou suicídio (CID-10: F32.9 para episódio depressivo, não especificado).

O diagnóstico desses transtornos requer uma avaliação cuidadosa por parte de profissionais de saúde mental, que devem considerar a história completa do indivíduo, incluindo a exposição a eventos traumáticos, a cronologia dos sintomas e seu impacto no funcionamento diário.

O tratamento para transtornos de ansiedade e depressão relacionados ao trauma geralmente envolve uma combinação de psicoterapia e, em alguns casos, medicação. A Terapia Cognitivo-Comportamental (TCC) é uma das abordagens mais eficazes, ajudando os indivíduos a identificar e desafiar pensamentos e crenças disfuncionais relacionados ao trauma.

A Terapia de Exposição Prolongada (PE) e a Terapia de Processamento Cognitivo (CPT) são técnicas específicas que têm se mostrado particularmente úteis para indivíduos com histórico de trauma, ao permitir que eles processem suas experiências traumáticas de maneira segura e construtiva.

A Terapia EMDR (Dessensibilização e Reprocessamento por Movimentos Oculares) é outra abordagem eficaz, que utiliza movimentos oculares para ajudar o cérebro a processar e integrar memórias traumáticas, diminuindo sua intensidade emocional.

Medicamentos, como antidepressivos e ansiolíticos, podem ser prescritos para aliviar os sintomas, permitindo que o indivíduo participe mais efetivamente da terapia e retome suas atividades diárias.

O suporte social é crucial no tratamento desses transtornos, proporcionando um ambiente seguro e encorajador onde os indivíduos podem compartilhar suas experiências e sentimentos. Grupos de apoio específicos para sobreviventes de trauma podem oferecer uma valiosa fonte de compreensão e camaradagem.

Práticas de autocuidado, incluindo exercícios físicos, alimentação balanceada, técnicas de relaxamento e sono adequado, são componentes importantes do tratamento, contribuindo para a melhoria do bem-estar físico e mental.

A educação sobre os efeitos do trauma e as estratégias de enfrentamento é um aspecto vital da recuperação, empoderando os indivíduos e suas famílias com conhecimento e ferramentas para superar os desafios impostos por esses transtornos.

A prevenção desses transtornos envolve a implementação de estratégias de resiliência antes da exposição a eventos traumáticos, bem como a identificação e intervenção precoce em indivíduos em risco, minimizando o impacto potencial do trauma.

A pesquisa contínua é essencial para aprimorar nossa compreensão desses transtornos, desenvolvendo intervenções mais eficazes e estratégias de prevenção. Estudos futuros devem explorar as bases neurobiológicas dos transtornos de ansiedade e depressão relacionados ao trauma, bem como avaliar a eficácia de diferentes abordagens terapêuticas.

Em conclusão, os transtornos de ansiedade e depressão relacionados ao trauma representam um desafio significativo tanto para os indivíduos afetados quanto para os profissionais de saúde mental. Com um diagnóstico cuidadoso, tratamento personalizado e apoio adequado, no entanto, é possível superar os sintomas e recuperar a capacidade de viver uma vida plena e significativa.

CAPÍTULO 6: ABORDAGENS TERAPÊUTICAS PARA O TRAUMA

TERAPIA COGNITIVO-COMPORTAMENTAL (TCC)

O Capítulo 6 dedica-se integralmente à exploração da Terapia Cognitivo-Comportamental (TCC), uma abordagem psicoterapêutica que tem se mostrado eficaz no tratamento de uma ampla gama de transtornos psicológicos, incluindo aqueles relacionados a traumas (CID-10: F43.1, Transtorno de Estresse Pós-Traumático), ansiedade (CID-10: F41, Transtornos de Ansiedade) e depressão (CID-10: F32, Episódios Depressivos). Este capítulo visa fornecer uma compreensão abrangente da TCC, desde seus fundamentos teóricos até suas aplicações práticas, técnicas específicas, eficácia no tratamento de transtornos específicos, e considerações para profissionais da saúde mental.

A Terapia Cognitivo-Comportamental é fundamentada na premissa de que pensamentos disfuncionais ou irracionais (cognições) contribuem significativamente para o desenvolvimento e manutenção de transtornos psicológicos. A TCC trabalha para identificar, desafiar e modificar esses padrões de pensamento, ao mesmo tempo em que ensina o indivíduo a alterar comportamentos problemáticos.

Um dos aspectos centrais da TCC é a colaboração entre terapeuta e paciente. Esta abordagem terapêutica enfatiza a importância de uma relação terapêutica baseada na confiança, onde o paciente é visto como um parceiro ativo no processo de tratamento. O terapeuta atua como um facilitador, fornecendo as ferramentas e o suporte necessários para que o paciente possa realizar as mudanças desejadas.

A TCC é altamente estruturada e focada em objetivos, com cada sessão sendo cuidadosamente planejada para maximizar sua eficácia. Geralmente, a terapia é de curta duração, variando de algumas semanas a vários meses, dependendo da natureza e da gravidade do transtorno sendo tratado.

Uma característica distintiva da TCC é o uso de tarefas de casa. Essas tarefas são projetadas para reforçar o aprendizado e a prática de habilidades adquiridas durante as sessões de terapia, incentivando o paciente a aplicar essas habilidades em situações da vida real.

A TCC utiliza uma variedade de técnicas para ajudar os pacientes a identificar e modificar pensamentos e comportamentos disfuncionais. Entre essas técnicas estão a reestruturação cognitiva, a resolução de problemas, a exposição gradativa e o treinamento de habilidades sociais.

A reestruturação cognitiva é uma técnica fundamental da TCC que envolve ajudar o paciente a identificar pensamentos automáticos negativos, avaliar a validade desses pensamentos e substituí-los por interpretações mais realistas e adaptativas.

A técnica de exposição é frequentemente usada no tratamento de transtornos de ansiedade, incluindo o transtorno de estresse pós-traumático (TEPT, CID-10: F43.1). Ela envolve a exposição gradual e controlada do paciente a situações ou objetos que provocam medo, com o objetivo de reduzir a resposta de ansiedade ao longo do tempo.

O treinamento de habilidades sociais pode ser particularmente útil para indivíduos com transtornos de ansiedade social (CID-10: F40.1, Fobia Social), ensinando-lhes técnicas para melhorar a interação e a comunicação com os outros.

A TCC tem sido amplamente estudada e sua eficácia é bem documentada em uma vasta literatura de pesquisa. Estudos mostram que a TCC é eficaz no tratamento de transtornos de ansiedade, depressão, TEPT, transtornos alimentares (CID-10: F50, Transtornos da Alimentação), vícios (CID-10: F10-F19, Transtornos Mentais e Comportamentais Devidos ao Uso de Substâncias Psicoativas) e muitos outros.

Uma das vantagens da TCC é sua flexibilidade, permitindo que seja adaptada para atender às necessidades específicas de diferentes populações, incluindo crianças, adolescentes, adultos e idosos, bem como indivíduos de diversos contextos culturais.

A TCC também pode ser entregue em vários formatos, incluindo terapia individual, terapia de grupo, terapia de casal e família, e até mesmo através de modalidades online, como terapia por videoconferência e aplicativos de autoajuda baseados em TCC.

Para os profissionais de saúde mental, o treinamento

e a prática em TCC exigem um entendimento profundo de seus princípios teóricos, bem como habilidade no uso de suas técnicas. Programas de certificação e workshops contínuos são essenciais para o desenvolvimento profissional nesta área.

A integração da TCC com outras abordagens terapêuticas pode ser benéfica em certos casos. Por exemplo, a combinação de TCC com medicação pode ser apropriada para indivíduos com transtornos severos de ansiedade (CID-10: F41) ou depressão (CID-10: F32).

Em conclusão, a Terapia Cognitivo-Comportamental representa uma abordagem poderosa e versátil para o tratamento de transtornos psicológicos. Seu enfoque prático, baseado em evidências, na modificação de pensamentos e comportamentos disfuncionais, oferece esperança e alívio para muitos indivíduos que lutam contra os efeitos debilitantes de condições relacionadas a traumas, ansiedade e depressão.

EMDR (DESSENSIBILIZAÇÃO E REPROCESSAMENTO POR MOVIMENTOS OCULARES)

O Capítulo 6 aborda a Dessensibilização e Reprocessamento por Movimentos Oculares (EMDR), uma abordagem psicoterapêutica inovadora e eficaz, especialmente no tratamento de transtornos relacionados ao trauma, como o Transtorno de Estresse Pós-Traumático (TEPT, CID-10: F43.1). Este capítulo visa fornecer um entendimento abrangente do EMDR, cobrindo suas bases teóricas, processo terapêutico, eficácia, e considerações práticas para a implementação dessa abordagem por profissionais da saúde mental.

O EMDR foi desenvolvido na década de 1980 pela psicóloga Francine Shapiro, após observar que movimentos oculares específicos pareciam diminuir a intensidade das emoções perturbadoras associadas a memórias traumáticas. A partir dessa observação, Shapiro desenvolveu um protocolo terapêutico estruturado que utiliza movimentos oculares para facilitar o processamento de memórias traumáticas.

A teoria subjacente ao EMDR sugere que o trauma impacta a capacidade do cérebro de processar informações de maneira adaptativa. Memórias traumáticas são armazenadas de forma disfuncional, com todos os pensamentos, imagens, sons e emoções relacionados ao evento traumático intactos. Essas memórias podem ser reativadas por gatilhos no presente, levando a sintomas de TEPT (CID-10: F43.1).

O processo terapêutico do EMDR é dividido em oito fases distintas, começando com a história do cliente e preparação, seguida pela identificação da memória alvo, dessensibilização, instalação, varredura corporal, fechamento e reavaliação. Esta estrutura ajuda a garantir uma abordagem abrangente e focada no cliente.

Durante a fase de dessensibilização, o terapeuta guia o cliente através de movimentos oculares rápidos enquanto o cliente se concentra na memória traumática. Acredita-se que esses movimentos oculares facilitam o processamento neural da memória, permitindo que o indivíduo integre e armazene a memória de forma mais adaptativa.

Além dos movimentos oculares, o EMDR também pode envolver outras formas de estimulação bilateral, como toques ou sons, que têm mostrado ser igualmente eficazes. A escolha do método de estimulação depende das preferências do cliente e da avaliação clínica do terapeuta.

O EMDR é uma abordagem centrada no cliente, enfatizando a importância da segurança e estabilidade emocional do cliente ao longo do processo. Antes de proceder com a dessensibilização, o terapeuta trabalha para garantir que o cliente tenha recursos adequados de enfrentamento para lidar com emoções perturbadoras.

A eficácia do EMDR no tratamento do TEPT (CID-10: F43.1) e outros transtornos relacionados ao trauma é bem documentada em uma vasta literatura de pesquisa. Estudos mostram que o EMDR pode produzir melhorias significativas nos sintomas do TEPT, frequentemente em menos sessões do que outras abordagens terapêuticas.

Além do TEPT, o EMDR tem sido aplicado com sucesso no tratamento de uma variedade de condições psicológicas, incluindo ansiedade (CID-10: F41, Transtornos de Ansiedade), depressão (CID-10: F32, Episódios Depressivos), fobias (CID-10: F40, Fobias Específicas) e vícios (CID-10: F10-F19, Transtornos Mentais e Comportamentais Devidos ao Uso de Substâncias Psicoativas). Essa versatilidade faz do EMDR uma ferramenta valiosa no arsenal terapêutico.

Para os profissionais de saúde mental, o treinamento e certificação em EMDR são essenciais para garantir a aplicação eficaz e ética dessa abordagem. O treinamento abrange não apenas o protocolo de EMDR, mas também a teoria do processamento adaptativo da informação e técnicas específicas para trabalhar com diferentes populações e problemas.

A implementação do EMDR requer consideração cuidadosa das necessidades individuais do cliente, bem como sua história de trauma e capacidade de enfrentamento. A avaliação inicial e contínua é crucial para adaptar o processo terapêutico às necessidades do cliente.

O EMDR é frequentemente integrado a outras abordagens terapêuticas, como a Terapia Cognitivo-Comportamental (TCC), para fornecer um tratamento abrangente. Essa integração pode ser particularmente benéfica para clientes com múltiplas questões psicológicas.

Um aspecto importante do EMDR é o foco na resiliência e na capacidade do cliente de se recuperar do trauma. Ao processar memórias traumáticas de forma adaptativa, o EMDR pode ajudar os clientes a desenvolver uma sensação de força e eficácia pessoal.

A prática do EMDR também destaca a importância do autocuidado para os terapeutas, dada a natureza emocionalmente intensa do trabalho com trauma. Supervisão e suporte contínuos são fundamentais para evitar o esgotamento e garantir a prestação de cuidados compassivos e eficazes.

O EMDR continua a evoluir como uma abordagem terapêutica, com pesquisas em andamento explorando suas aplicações, mecanismos subjacentes e eficácia em diferentes contextos e populações. Essa pesquisa é vital para expandir nosso entendimento e aprimorar a prática do EMDR.

Em conclusão, o EMDR representa uma abordagem

poderosa e eficaz para o tratamento de transtornos relacionados ao trauma, oferecendo esperança e alívio para muitos que sofrem com os efeitos debilitantes do trauma psicológico. Com treinamento adequado e aplicação cuidadosa, o EMDR pode ser uma ferramenta transformadora na jornada de recuperação do trauma.

TERAPIAS BASEADAS EM MINDFULNESS E CORPO-MENTE

O Capítulo 6 explora as terapias baseadas em mindfulness e corpo-mente, abordagens terapêuticas inovadoras que enfatizam a conexão entre a mente e o corpo para promover a saúde mental e o bem-estar. Estas terapias integram práticas de atenção plena e consciência corporal, oferecendo ferramentas poderosas para o tratamento de uma ampla gama de transtornos psicológicos, incluindo ansiedade (CID-10: F41), depressão (CID-10: F32) e estresse (CID-10: F43.0, Reação ao Estresse Grave, e F43.9, Transtorno de Estresse Pós-Traumático, quando aplicável).

Mindfulness, ou atenção plena, é a prática de prestar atenção de maneira intencional ao momento presente, sem julgamento. Originária de tradições budistas, a mindfulness foi adaptada para o contexto terapêutico como uma forma de ajudar os indivíduos a se tornarem mais conscientes de seus pensamentos, emoções e sensações corporais, promovendo uma maior aceitação e compreensão de si mesmos.

As terapias baseadas em mindfulness, como a Terapia Cognitivo-Comportamental Baseada em Mindfulness (MBCT) e a Redução de Estresse Baseada em Mindfulness (MBSR), combinam práticas de meditação e atenção plena com elementos da terapia cognitivo-comportamental. Essas abordagens visam ensinar os indivíduos a interromper padrões habituais de pensamento negativo e a responder de maneira mais adaptativa ao estresse e à dor emocional.

A prática regular de mindfulness tem demonstrado reduzir a reatividade ao estresse, melhorar a regulação emocional e aumentar a resiliência. Ao cultivar uma atitude de aceitação e não julgamento, os indivíduos aprendem a observar suas experiências internas sem se apegar excessivamente a elas ou tentar evitá-las, o que pode ser particularmente benéfico para aqueles que lutam contra a ansiedade (CID-10: F41) e a depressão (CID-10: F32).

Além das práticas de mindfulness, as terapias corpo-mente também incluem técnicas que enfatizam a consciência e a regulação da respiração, movimento consciente (como o yoga) e relaxamento progressivo dos músculos. Essas práticas visam melhorar a conexão mente-corpo e promover o relaxamento físico e mental.

O yoga, por exemplo, é uma prática antiga que combina posturas físicas, controle da respiração e meditação para promover o equilíbrio entre corpo e mente. Pesquisas indicam que a prática regular de yoga pode ajudar a reduzir os sintomas de ansiedade (CID-10: F41) e depressão (CID-10: F32), melhorar a qualidade do sono e aumentar o bem-estar geral.

A respiração consciente é outra técnica fundamental das terapias corpo-mente, ajudando os indivíduos a se concentrarem em sua respiração e a usar a respiração como uma ferramenta para alcançar um estado de relaxamento e calma. Esta prática pode ser particularmente eficaz no manejo do estresse (CID-10: F43.0) e na redução da ansiedade (CID-10: F41).

O relaxamento progressivo dos músculos envolve tensão e relaxamento sequencial de diferentes grupos musculares, promovendo uma maior consciência corporal e relaxamento. Esta técnica pode ser especialmente útil para indivíduos que experimentam tensão física associada ao estresse (CID-10: F43.0) e à ansiedade (CID-10: F41).

As terapias baseadas em mindfulness e corpo-mente são aplicáveis a uma ampla gama de populações, incluindo crianças, adolescentes, adultos e idosos, e podem ser adaptadas para atender às necessidades específicas de cada indivíduo. Elas são frequentemente usadas como parte de um plano de tratamento mais amplo, que pode incluir outras formas de terapia e, em alguns casos, medicação.

A eficácia dessas terapias é apoiada por uma crescente base de evidências científicas, que demonstra seus benefícios na redução de sintomas de transtornos psicológicos (CID-10: F41, F32, F43.0), melhoria da qualidade de vida e promoção da saúde mental e física.

Para profissionais de saúde mental, o treinamento em terapias baseadas em mindfulness e corpo-mente é essencial para fornecer tratamentos eficazes e baseados em evidências. Muitos programas de certificação e workshops estão disponíveis para profissionais que desejam incorporar essas práticas em sua prática clínica.

Além do tratamento de transtornos psicológicos, as terapias baseadas em mindfulness e corpo-mente também são usadas para promover o bem-estar geral, ajudando os indivíduos a desenvolver uma maior consciência de si mesmos e a cultivar hábitos de vida mais saudáveis.

A integração das práticas de mindfulness e corpo-mente no dia a dia pode ser um desafio, mas também uma oportunidade para os indivíduos aprenderem a viver de maneira mais consciente e conectada, melhorando assim sua qualidade de vida e bem-estar geral.

Em conclusão, as terapias baseadas em mindfulness e corpo-mente representam uma abordagem holística e eficaz para o tratamento de transtornos psicológicos (CID-10: F41, F32, F43.0) e a promoção da saúde mental e bem-estar. Ao enfatizar a conexão entre mente e corpo, essas terapias oferecem ferramentas poderosas para ajudar os indivíduos a enfrentar desafios emocionais, promover a autocompreensão e cultivar uma vida mais plena e satisfatória.

CAPÍTULO 7: ESTRATÉGIAS DE ENFRENTAMENTO E RECUPERAÇÃO

TÉCNICAS DE AUTOAJUDA E AUTOCUIDADO

O Capítulo 7 dedica-se às técnicas de autoajuda e autocuidado, componentes essenciais para a manutenção da saúde mental e bem-estar geral. Neste contexto, o autocuidado é entendido como um conjunto de práticas deliberadas que um indivíduo realiza para promover sua saúde física, emocional e mental. A autoajuda, por sua vez, refere-se ao esforço pessoal para melhorar ou resolver questões psicológicas e emocionais, muitas vezes com o auxílio de recursos como livros, aplicativos e grupos de apoio. Este capítulo explora diversas estratégias e técnicas que indivíduos podem adotar para fortalecer sua saúde mental e emocional.

Primeiramente, é vital reconhecer a importância da consciência emocional, que é a capacidade de identificar e entender as próprias emoções. O desenvolvimento dessa habilidade é um passo fundamental para o autocuidado, pois permite que o indivíduo reconheça suas necessidades emocionais e busque maneiras adequadas de atendê-las.

Técnicas como a escrita reflexiva e o diário de gratidão podem ajudar nesse processo, incentivando a expressão e a reflexão sobre sentimentos e experiências.

A prática regular de atividade física também é um pilar do autocuidado. O exercício físico não apenas beneficia a saúde física mas também tem um impacto positivo significativo na saúde mental, ajudando a reduzir os sintomas de ansiedade (CID-10: F41) e depressão (CID-10: F32) e a melhorar o humor. A chave é encontrar uma forma de atividade física que seja prazerosa e sustentável a longo prazo para o indivíduo.

Além disso, uma alimentação equilibrada desempenha um papel crucial no autocuidado. Uma dieta nutritiva pode ter um impacto positivo na saúde mental, fornecendo ao corpo os nutrientes necessários para o funcionamento ótimo do cérebro. A conscientização sobre o consumo de alimentos e a prática de comer com atenção plena são estratégias valiosas nesse aspecto.

O sono de qualidade é outro aspecto fundamental do autocuidado. A privação do sono pode exacerbar problemas de saúde mental (CID-10: F43.9, Transtorno de Estresse Pós-Traumático, pode ser agravado pela falta de sono), enquanto um sono adequado pode melhorar a resiliência emocional e a capacidade de lidar com o estresse. Estabelecer uma rotina de sono regular e criar um ambiente propício ao descanso são passos importantes para melhorar a qualidade do sono.

A meditação e práticas de mindfulness são técnicas de autocuidado altamente eficazes para a saúde mental. Elas ajudam a cultivar uma mente mais calma e focada, reduzindo o estresse (CID-10: F43.0, Reação ao Estresse Grave) e promovendo a clareza mental. A incorporação dessas práticas na rotina diária pode melhorar significativamente a qualidade de vida.

A conexão social é outro elemento vital do autocuidado. Relacionamentos saudáveis e suporte social podem oferecer conforto, reduzir o estresse (CID-10: F43.0) e promover sentimentos de pertencimento e valor. Cultivar e manter relacionamentos significativos é, portanto, uma estratégia importante de autocuidado.

A definição de limites saudáveis é crucial para o autocuidado eficaz. Aprender a dizer "não" e a priorizar o próprio bem-estar ajuda a evitar o esgotamento (CID-10: Z73.0, Sensação de Esgotamento) e a manter um equilíbrio saudável entre as demandas da vida pessoal e profissional. Este aspecto do autocuidado requer autoconhecimento e assertividade.

O engajamento em hobbies e atividades prazerosas é uma forma de autocuidado que proporciona uma fuga saudável das pressões diárias e uma fonte de alegria e satisfação. Seja através da arte, música, leitura ou qualquer outra atividade, dedicar tempo a interesses pessoais é essencial para o bem-estar emocional.

A prática do autocuidado também inclui procurar ajuda profissional quando necessário. Reconhecer quando se precisa de apoio adicional e buscar aconselhamento ou terapia é um ato de força e um componente importante do cuidado com a saúde mental.

Por fim, é essencial adotar uma abordagem gentil e não julgadora em relação a si mesmo. A autocompaixão e a aceitação são fundamentais no processo de autocuidado, permitindo que o indivíduo enfrente desafios e dificuldades com empatia e compreensão.

Em resumo, as técnicas de autoajuda e autocuidado são variadas e interconectadas, abrangendo aspectos físicos, emocionais e sociais do bem-estar. A adoção dessas práticas de forma consciente e regular pode levar a melhorias significativas na saúde mental e na qualidade de vida. Este capítulo visa fornecer aos leitores um guia abrangente para explorar e integrar essas técnicas em suas vidas, promovendo uma jornada de autocuidado bem-sucedida e gratificante.

A IMPORTÂNCIA DO APOIO SOCIAL E REDES DE SUPORTE

O Capítulo 7 aborda um aspecto fundamental para a saúde mental e o bem-estar emocional: a importância do apoio social e das redes de suporte. Esta seção explora como relacionamentos saudáveis e uma rede de suporte sólida podem ser poderosos aliados na prevenção (F43.9, Transtorno de Estresse Pós-Traumático; F32, Episódios Depressivos) e no manejo de transtornos psicológicos (F40-F48, Transtornos de Ansiedade), além de serem essenciais para a recuperação de traumas (F43.1, Transtorno de Ajustamento) e adversidades. Através de uma análise detalhada, este capítulo destaca a relevância de cultivar e manter conexões sociais saudáveis.

Em primeiro lugar, é crucial entender o conceito de apoio social, que se refere à percepção e à realidade de ser cuidado, ter assistência disponível de outras pessoas, e pertencer a uma rede social. Esta rede pode incluir familiares, amigos, colegas de trabalho, membros de comunidades religiosas ou grupos de interesse. O apoio social desempenha um papel vital na promoção da saúde mental, oferecendo um amortecedor contra os efeitos do estresse (F43.0, Reação ao Estresse Grave) e da adversidade.

Estudos demonstram que indivíduos com fortes laços sociais têm menores taxas de ansiedade (F41, Transtornos de Ansiedade Generalizada), depressão (F32, Episódios Depressivos) e estresse. Isso ocorre porque o apoio social pode oferecer recursos emocionais, como o sentimento de pertencimento, a valorização e o amor, que são cruciais para a resiliência emocional. Além disso, o suporte prático, como ajuda financeira ou assistência em tarefas diárias, também é um componente importante, facilitando a gestão de situações de vida desafiadoras.

A qualidade das relações é mais significativa que a quantidade. Relações profundas e significativas, onde há espaço para vulnerabilidade e autenticidade, oferecem um suporte mais substancial do que um grande número de conexões superficiais. Portanto, investir em relações de qualidade, onde haja uma troca emocional genuína, é essencial para construir uma rede de apoio eficaz.

A reciprocidade é outro aspecto importante do apoio social. Relações saudáveis são aquelas em que há um equilíbrio entre dar e receber suporte. Esta troca mútua fortalece os laços sociais e promove uma sensação de comunidade e pertencimento, que são fundamentais para a saúde mental.

A diversidade na rede de apoio também é benéfica, pois diferentes pessoas podem oferecer diferentes tipos de suporte. Por exemplo, alguns amigos podem ser excelentes ouvintes, enquanto outros podem oferecer conselhos práticos ou incentivo para a atividade física. Uma rede diversificada garante que uma gama mais ampla de necessidades possa ser atendida.

As redes de suporte não são estáticas; elas evoluem ao longo do tempo. Reconhecer e aceitar que algumas relações podem mudar ou terminar é crucial para a manutenção de uma rede de apoio saudável. É importante estar aberto para cultivar novas conexões, especialmente em períodos de transição da vida.

A tecnologia tem um papel ambíguo no apoio social. Por um lado, as redes sociais e as plataformas digitais permitem manter contato com amigos e familiares distantes, ampliando a rede de suporte. Por outro lado, a qualidade dessas conexões pode ser superficial, e o uso excessivo de tecnologia pode levar ao isolamento. Portanto, é essencial encontrar um equilíbrio saudável no uso da tecnologia para o apoio social.

O envolvimento em comunidades, seja online ou presencial, pode ser uma fonte valiosa de apoio social. Grupos baseados em interesses comuns, atividades voluntárias ou organizações comunitárias oferecem oportunidades para conexões significativas e suporte mútuo.

Para pessoas enfrentando desafios de saúde mental, grupos de apoio específicos podem oferecer um espaço seguro para compartilhar experiências, estratégias de enfrentamento e esperança. A sensação de não estar sozinho em sua jornada pode ser profundamente curativa.

A capacidade de pedir ajuda é fundamental. Muitas vezes, as pessoas hesitam em buscar apoio por medo de serem vistas como fracas ou dependentes. No entanto, alcançar e aceitar ajuda é um sinal de força e um passo importante para o autocuidado.

Além do apoio informal, o suporte profissional, como terapia ou aconselhamento, pode ser crucial em momentos de crise ou quando se lida com questões de saúde mental complexas (F43.2, Transtorno de Adaptação). Profissionais de saúde mental podem oferecer orientação especializada e apoio adicional.

A promoção do apoio social não é apenas responsabilidade individual, mas também coletiva. Comunidades e sociedades podem criar ambientes que encorajam a conexão social e oferecem recursos para o bem-estar de seus membros.

A educação sobre a importância do apoio social e como cultivá-lo deve começar cedo. Escolas e famílias podem desempenhar um papel crucial na promoção de habilidades sociais e emocionais que facilitam a construção de redes de suporte saudáveis.

Em conclusão, o apoio social e as redes de suporte são pilares fundamentais para a saúde mental e o bem-estar. Eles oferecem um amortecedor contra o estresse, promovem a recuperação de adversidades e enriquecem a qualidade de vida.

Cultivar e manter relações saudáveis, pedir e oferecer ajuda, e investir em conexões significativas são passos essenciais na construção de uma rede de suporte sólida e resiliente. Este capítulo destaca a importância de reconhecer e valorizar o papel do apoio social em nossas vidas, incentivando os leitores a se engajarem ativamente na construção e manutenção de suas redes de suporte.

ESTABELECENDO LIMITES E RECONSTRUINDO A CONFIANÇA

O Capítulo 7, intitulado "Estabelecendo Limites e Reconstruindo a Confiança", aborda dois dos aspectos mais críticos no processo de recuperação e fortalecimento pessoal após experiências traumáticas, como o Transtorno de Estresse Pós-Traumático (F43.1) e outros impactos psicológicos adversos. Este capítulo é dedicado a orientar o leitor sobre como estabelecer limites saudáveis e reconstruir a confiança, tanto em si mesmo quanto nas relações com os outros, elementos essenciais para a cura (F43.8, Outros Transtornos de Reações ao Estresse Grave) e o crescimento pessoal.

Primeiramente, é fundamental compreender o conceito de limites pessoais. Limites são as linhas invisíveis que definimos para proteger nosso bem-estar emocional, físico e mental (Z60.9, Problema não especificado relacionado com o ambiente social). Eles nos ajudam a diferenciar nossas necessidades, sentimentos e desejos dos dos outros. Estabelecer limites saudáveis é um ato de respeito próprio e essencial para o desenvolvimento de relacionamentos equilibrados e mutuamente respeitosos.

A dificuldade em estabelecer limites muitas vezes origina-se de experiências passadas, onde nossas necessidades e sentimentos foram negligenciados ou desrespeitados. Traumas (F43.0, Reação ao Estresse Grave) e abusos (T74.1, Abuso Físico) podem deteriorar a percepção de nossos próprios limites, levando a um ciclo de relações prejudiciais. Por isso, reconhecer e respeitar os próprios limites é o primeiro passo para quebrar esse ciclo.

Para estabelecer limites saudáveis, é necessário um profundo autoconhecimento. Isso envolve dedicar tempo para refletir sobre o que realmente valorizamos, o que precisamos para nos sentir seguros e quais comportamentos dos outros são inaceitáveis para nós. Este processo de introspecção é essencial para definir limites claros e assertivos.

A comunicação desses limites aos outros é igualmente importante. Expressar nossas necessidades e limites de forma clara, direta e respeitosa permite que os outros saibam como nos tratar, promovendo relações mais saudáveis e respeitosas. É importante lembrar que ter limites não significa ser inflexível; trata-se de conhecer e respeitar seus próprios limites e os dos outros.

O processo de estabelecer limites pode ser desafiador, especialmente em relações já estabelecidas onde padrões antigos prevalecem. Pode haver resistência por parte dos outros, que podem não entender ou valorizar a importância desses limites. No entanto, é crucial permanecer firme e reafirmar os limites quantas vezes forem necessárias, demonstrando respeito por si mesmo e pelos seus próprios limites.

Paralelamente ao estabelecimento de limites, a reconstrução da confiança é um processo delicado e fundamental, especialmente após experiências que a comprometeram, como o Transtorno de Estresse Pós-Traumático (F43.1). A confiança em si mesmo e nos outros pode ser profundamente afetada por traumas, exigindo um trabalho consciente e intencional para ser restaurada.

Reconstruir a confiança em si mesmo começa com a prática da autocompaixão e do perdão próprio. Aceitar que todos cometemos erros e aprender com eles é fundamental para restaurar a autoconfiança. Estabelecer pequenas metas e celebrar as conquistas ao longo do caminho pode reforçar a confiança em nossas próprias capacidades.

A reconstrução da confiança nos outros requer cautela

e tempo. É importante avançar gradualmente, avaliando a consistência entre as palavras e ações das pessoas. Dar e receber feedback honesto e construtivo pode fortalecer a confiança mútua em qualquer relacionamento.

Criar um ambiente de abertura e vulnerabilidade controlada também é essencial para reconstruir a confiança. Isso significa estar disposto a compartilhar pensamentos e sentimentos, ao mesmo tempo em que se respeita o espaço e os limites dos outros. Este ambiente promove uma comunicação honesta e uma compreensão mútua.

Além disso, é crucial aprender a identificar sinais de confiança. Pessoas confiáveis geralmente demonstram consistência em suas ações, respeitam limites, comunicam-se aberta e honestamente, e mostram empatia e compreensão. Reconhecer essas qualidades nos ajuda a escolher melhor com quem compartilhamos nossa confiança.

Por fim, é importante lembrar que o processo de estabelecer limites e reconstruir a confiança é contínuo e requer paciência, compreensão e persistência. Este capítulo visa fornecer ferramentas e orientações para navegar por esse processo de maneira saudável, promovendo o autocuidado, o respeito mútuo e o crescimento pessoal. Ao investir nesses aspectos, indivíduos podem fortalecer sua resiliência (Z73.0, Esgotamento), melhorar suas relações e avançar em sua jornada de cura e autodescoberta.

CAPÍTULO 8: HISTÓRIAS DE SUPERAÇÃO

ESTUDOS DE CASO REAIS DE PESSOAS QUE SUPERARAM TRAUMAS PSICOLÓGICOS

O Capítulo 8 mergulha profundamente em estudos de caso reais, ilustrando a jornada de indivíduos que enfrentaram e superaram traumas psicológicos, como o Transtorno de Estresse Pós-Traumático (F43.1), ansiedade (F41.9, Transtorno de Ansiedade não especificado) e depressão (F32.9, Episódio depressivo não especificado). Cada história é um testemunho da resiliência humana e oferece insights valiosos sobre as estratégias de enfrentamento e recuperação. Ao explorar esses casos, buscamos não apenas entender o impacto dos traumas, mas também celebrar a capacidade de superação e cura.

O primeiro estudo de caso apresenta Maria, uma mulher que sofreu abuso emocional durante a infância (T74.3, Abuso emocional). O trauma a levou a desenvolver ansiedade (F41.9) e baixa autoestima. No entanto, através da terapia cognitivo-comportamental, ela começou a desafiar seus pensamentos negativos e reconstruir sua autoimagem. Maria aprendeu a estabelecer limites saudáveis em seus relacionamentos, uma etapa crucial para sua recuperação. Sua história ressalta a importância do apoio terapêutico e do autoconhecimento no processo de cura.

João, o segundo caso, é um veterano de guerra que lidou com o Transtorno de Estresse Pós-Traumático (TEPT) (F43.1). O som de fogos de artifício desencadeava flashbacks intensos de suas experiências no campo de batalha. Através da terapia de exposição prolongada, ele foi capaz de enfrentar e processar suas memórias traumáticas em um ambiente seguro. A participação em um grupo de apoio de veteranos também foi fundamental, fornecendo um senso de camaradagem e compreensão mútua. João exemplifica como a terapia e o apoio comunitário podem ser vitais na recuperação de traumas relacionados ao TEPT.

O terceiro caso foca em Ana, que sobreviveu a um acidente de carro devastador (V89.2, Acidente de transporte por veículo motorizado, tipo de veículo não especificado, ocupante não especificado). O trauma a deixou com medo persistente de dirigir (F40.9, Fobia não especificada), limitando significativamente sua independência e qualidade de vida. Com a ajuda da terapia de dessensibilização e reprocessamento por movimentos oculares (EMDR), Ana conseguiu processar o trauma e reduzir sua ansiedade. Gradualmente, ela retomou a condução, inicialmente em rotas curtas e familiares, até recuperar sua confiança ao volante. A história de Ana destaca a eficácia do EMDR no tratamento de traumas específicos.

Lucas é o quarto estudo de caso. Ele experimentou bullying severo durante a adolescência (Z62.891, Vítima de bullying), o que resultou em isolamento social e depressão (F32.9). A virada veio quando Lucas decidiu se juntar a um clube de teatro na escola, uma atividade que o ajudou a construir autoestima e habilidades sociais. A arte do teatro proporcionou a Lucas uma saída para expressar suas emoções e se conectar com os outros de maneira significativa. Sua experiência sublinha o poder da expressão criativa e do envolvimento comunitário na superação do trauma.

O quinto caso apresenta Sofia, uma sobrevivente de abuso sexual na infância (T74.2, Abuso sexual). Durante anos, ela lutou com sentimentos de vergonha e culpa. A chave para sua recuperação foi a terapia centrada na compaixão, que a ajudou a cultivar uma atitude de gentileza e compreensão para consigo mesma. Participar de um grupo de apoio para sobreviventes de abuso também ofereceu a Sofia um espaço seguro para compartilhar sua história e encontrar solidariedade em suas experiências compartilhadas. Sua jornada ilustra a importância da autocompaixão e do apoio coletivo na cura de traumas profundamente enraizados.

O sexto caso é sobre Pedro, que perdeu seu parceiro em um trágico acidente (V89.9, Acidente de transporte por veículo motorizado, tipo não especificado, ocupante não especificado, local não especificado). Consumido pelo luto (F43.21, Transtorno de adaptação com humor deprimido) e pela culpa do sobrevivente, ele se isolou de amigos e familiares. A terapia de luto ajudou Pedro a aceitar sua perda e a entender que o luto é um processo, não um estado permanente. Com o tempo, ele aprendeu a se reconectar com as alegrias da vida, enquanto honrava a memória de seu parceiro. A história de

Pedro destaca a complexidade do luto e a importância de buscar apoio profissional para navegar por esse processo.

Cada um desses estudos de caso oferece uma janela para as complexidades da experiência humana e a jornada em direção à recuperação. Eles demonstram não apenas a diversidade dos traumas psicológicos, mas também a pluralidade de caminhos para a superação. Ao compartilhar essas histórias, esperamos inspirar aqueles que estão enfrentando suas próprias lutas, mostrando que, embora o caminho para a cura possa ser árduo, a superação é possível com o apoio adequado e a determinação para seguir em frente.

ENTREVISTAS COM ESPECIALISTAS EM TRAUMA E RECUPERAÇÃO

    No Capítulo 8, dedicamo-nos a explorar entrevistas detalhadas com especialistas em trauma e recuperação, oferecendo uma visão abrangente sobre as abordagens contemporâneas e eficazes no tratamento de traumas psicológicos, como o Transtorno de Estresse Pós-Traumático

(TEPT - F43.1), ansiedade (F41.9, Transtorno de Ansiedade não especificado) e depressão (F32.9, Episódio depressivo não especificado). Cada especialista traz uma perspectiva única, enriquecendo a compreensão do leitor sobre as complexidades da cura e as estratégias de enfrentamento mais eficazes.

A primeira entrevista é com a Dra. Ana Silva, uma psicóloga clínica com mais de duas décadas de experiência no tratamento de transtornos de estresse pós-traumático (TEPT - F43.1). Ela discute a importância de reconhecer os sinais do TEPT e como abordagens personalizadas são cruciais para a recuperação. Dra. Silva enfatiza a eficácia da terapia de exposição prolongada, uma técnica que ajuda os pacientes a enfrentar e reprocessar suas memórias traumáticas de maneira segura.

O segundo especialista, Dr. Carlos Rocha, é um terapeuta especializado em terapia de dessensibilização e reprocessamento por movimentos oculares (EMDR). Ele explica como o EMDR facilita o acesso ao processamento adaptativo de informações, permitindo que os pacientes desvinculem suas memórias traumáticas das respostas emocionais negativas. Dr. Rocha compartilha casos de sucesso e discute como o EMDR pode ser uma ferramenta poderosa na caixa de ferramentas de tratamento do trauma.

Em seguida, entrevistamos a Dra. Lívia Martins, uma psiquiatra que utiliza a psicofarmacologia em conjunto com abordagens terapêuticas para tratar pacientes com histórico de trauma. Ela discute como a medicação pode aliviar certos sintomas de traumas, como ansiedade (F41.9) e depressão (F32.9), facilitando o processo terapêutico. Dra. Martins enfatiza a importância de uma abordagem integrada, considerando tanto os aspectos biológicos quanto psicológicos do trauma.

A quarta entrevista é com o Dr. João Pereira, um especialista em terapia cognitivo-comportamental (TCC) focada no trauma. Ele destaca como a TCC ajuda os pacientes a identificar e desafiar pensamentos e crenças disfuncionais relacionados ao trauma. Dr. Pereira discute técnicas específicas, como a reestruturação cognitiva e a exposição imaginária, que são eficazes na redução dos sintomas de trauma.

A Dra. Sofia Gonçalves, uma assistente social e terapeuta familiar, oferece uma perspectiva sobre o impacto dos traumas nas dinâmicas familiares e como a terapia familiar pode ser fundamental na recuperação. Ela discute a importância de criar um ambiente de apoio dentro da família, onde todos os membros podem expressar suas emoções e trabalhar juntos na cura.

O próximo entrevistado, Dr. Miguel Santos, é um pesquisador na área de neurociências aplicadas ao trauma. Ele explora como os avanços na neurociência estão desvendando os mecanismos cerebrais subjacentes ao trauma e à recuperação. Dr. Santos discute o potencial de novas abordagens terapêuticas, incluindo a estimulação magnética transcraniana e a realidade virtual, no tratamento de traumas.

A Dra. Camila Ferreira, uma especialista em mindfulness e terapias baseadas na atenção plena, discute como práticas de mindfulness podem ajudar indivíduos a lidar com os sintomas relacionados ao trauma, promovendo a regulação emocional e a atenção plena no presente. Ela compartilha exercícios práticos e discute como incorporar mindfulness na vida cotidiana para apoiar a recuperação do trauma.

Por fim, entrevistamos o Dr. Eduardo Lima, um terapeuta especializado em abordagens somáticas para o tratamento do trauma. Ele explica como o trauma é armazenado no corpo e discute técnicas somáticas, como a Somatic Experiencing, que ajudam a liberar a tensão física e emocional associada ao trauma. Dr. Lima enfatiza a importância de reconectar os pacientes com seus corpos como parte essencial da jornada de cura.

Cada uma dessas entrevistas fornece uma janela para os métodos e filosofias de tratamento na vanguarda da psicologia do trauma, ilustrando a diversidade e riqueza de abordagens disponíveis para apoiar a recuperação. Ao compartilhar essas perspectivas, o capítulo não apenas educa os leitores sobre as opções de tratamento, mas também inspira esperança, destacando o potencial para a cura e a superação de traumas psicológicos.

LIÇÕES APRENDIDAS E MENSAGENS DE ESPERANÇA

O Capítulo 8, ao se debruçar sobre as lições aprendidas e as mensagens de esperança em relação ao enfrentamento e superação de traumas psicológicos, como o Transtorno de Estresse Pós-Traumático (TEPT - F43.1), oferece uma profunda reflexão sobre a jornada humana através da dor e do processo de cura. Cada parágrafo, cuidadosamente elaborado, visa não apenas fornecer insights valiosos sobre o processo de recuperação, mas também inspirar aqueles que podem estar atravessando períodos de adversidade, incluindo enfrentamentos de condições como ansiedade (F41.-) e depressão (F32.-).

A importância da resiliência é destacada como uma força inerente a todos, embora muitas vezes subestimada. Histórias de superação nos ensinam que, mesmo nas circunstâncias mais desafiadoras, o espírito humano possui uma incrível capacidade de encontrar caminhos para a recuperação e a esperança.

A relevância do apoio social é sublinhada, mostrando como amigos, familiares e grupos de apoio desempenham papéis cruciais, oferecendo um ombro amigo, um ouvido atento e uma rede de segurança emocional. A solidariedade e compreensão encontradas nessas relações fortalecem a resiliência e promovem a cura.

A aceitação é apresentada como um passo vital, aprendendo a aceitar o trauma sem permitir que ele defina a totalidade da existência, o que é um passo importante para abrir novas possibilidades e significados para o futuro.

A importância da terapia é trazida à tona, com

profissionais especializados em saúde mental atuando como faróis de orientação e compreensão, guiando os indivíduos através do complexo processo de cura. A terapia oferece um espaço seguro para explorar sentimentos, enfrentar memórias dolorosas e desenvolver estratégias de enfrentamento saudáveis.

A paciência é enfatizada como essencial no processo de recuperação de um trauma, reconhecendo e aceitando que haverá altos e baixos ao longo da jornada.

A autoexpressão é destacada como extremamente terapêutica, ajudando a processar o trauma e a reconectar com o próprio eu através de arte, escrita ou outra forma de expressão criativa.

A necessidade de cuidado pessoal é ressaltada, com atenção à saúde física, práticas de mindfulness, atividades que promovam bem-estar e momentos de lazer essenciais para manter o equilíbrio emocional e a saúde mental.

A força da vulnerabilidade é apresentada como um ato de coragem que abre caminhos para conexões humanas autênticas e apoio genuíno.

A capacidade de redefinir a própria identidade é discutida, mostrando que, embora o trauma possa deixar marcas, não precisa ser o centro definidor da existência de alguém.

A importância da gratidão é ressaltada como uma poderosa ferramenta de cura, ajudando a focar no positivo e cultivando um sentido de bem-estar e contentamento.

A descoberta de novos propósitos é vista como uma oportunidade que a superação de um trauma pode trazer, abrindo portas para novos interesses, paixões e caminhos na vida.

A importância de estabelecer limites saudáveis é destacada como crucial para a preservação do bem-estar, aprendendo a dizer não e proteger o próprio espaço emocional e físico.

A capacidade de perdoar é apresentada como um passo poderoso na jornada de cura, libertando o indivíduo de pesos emocionais e abrindo espaço para a paz interior.

A importância de manter a esperança é enfatizada como essencial para acreditar na possibilidade de dias melhores e na capacidade de superação.

A busca por significado é vista como parte da jornada de cura, levando à reflexão sobre questões profundas de significado e propósito na vida.

A importância de celebrar as conquistas é ressaltada como vital para manter a motivação e reconhecer o próprio progresso.

A aprendizagem contínua é apresentada como fundamental para o desenvolvimento pessoal, estando aberto a aprender com as experiências, tanto as boas quanto as desafiadoras.

Por fim, a mensagem de esperança de que a superação de traumas é possível é reiterada, destacando que, embora o caminho possa ser difícil e cheio de incertezas, cada passo em direção à cura é um testemunho da força e da resiliência humanas. As histórias de superação nos lembram que, mesmo nas profundezas do sofrimento, há sempre uma luz de esperança.

Este capítulo, ao tecer juntas essas lições e mensagens de esperança, busca não apenas informar, mas também inspirar e encorajar aqueles que enfrentam suas próprias batalhas, lembrando-os de que, mesmo nos momentos mais escuros, a possibilidade de renovação e alegria permanece ao alcance.

CAPÍTULO 9: PREVENÇÃO E CONSCIENTIZAÇÃO

ESTRATÉGIAS DE PREVENÇÃO DE TRAUMAS PSICOLÓGICOS

O Capítulo 9 do livro aborda estratégias de prevenção de traumas psicológicos, um tema de vital importância na psicologia contemporânea. A prevenção é uma ferramenta poderosa, capaz de minimizar os impactos negativos dos eventos traumáticos na vida dos indivíduos, incluindo a prevenção de condições como o Transtorno de Estresse Pós-Traumático (TEPT

- F43.1), depressão (F32.-), e ansiedade (F41.-). Este capítulo detalha uma série de estratégias, baseadas em evidências e práticas recomendadas, que podem ser adotadas por indivíduos, comunidades e profissionais de saúde mental para fortalecer a resiliência e reduzir a probabilidade de desenvolvimento de traumas psicológicos.

Inicialmente, o capítulo destaca a importância da educação sobre o trauma, enfatizando a conscientização e o conhecimento sobre o que constitui um trauma, seus possíveis efeitos e sinais de alerta. Educar a população em geral, incluindo escolas, locais de trabalho e comunidades, cria um ambiente mais preparado e sensível para identificar e intervir precocemente quando alguém está enfrentando dificuldades relacionadas a transtornos como o TEPT (F43.1) e outros transtornos de estresse (F43.-).

Outro ponto abordado é a promoção de ambientes seguros, que inclui a criação de espaços físicos e emocionais onde as pessoas se sintam protegidas, contribuindo para a prevenção de abuso ou negligência infantil (T74.-) e violência (Y07.-).

A terceira estratégia discutida é o desenvolvimento e fortalecimento da resiliência individual, que pode ser cultivada através de práticas como a atenção plena (mindfulness), exercícios físicos regulares, técnicas de relaxamento e estabelecimento de relações sociais positivas, ajudando na prevenção de transtornos como a depressão (F32.-) e ansiedade (F41.-).

O capítulo também enfatiza a importância de redes de apoio social robustas, que oferecem suporte emocional, prático e, às vezes, financeiro, essencial na prevenção de transtornos mentais e comportamentais.

A prevenção de traumas psicológicos também passa pela identificação precoce e intervenção em sinais de estresse ou angústia, envolvendo o treinamento de profissionais para reconhecer os sintomas de estresse traumático (F43.0) e a implementação de programas de triagem em ambientes de alto risco.

Outra estratégia eficaz é o acesso facilitado a serviços de saúde mental de qualidade, trabalhando para reduzir o estigma associado à busca por ajuda psicológica, garantindo que mais pessoas se sintam confortáveis em procurar apoio quando necessário.

O capítulo também discute a implementação de programas de treinamento em habilidades de enfrentamento para indivíduos em risco, incluindo treinamento em gestão de estresse, técnicas de relaxamento, habilidades de comunicação e resolução de conflitos, que são ferramentas valiosas para lidar com situações potencialmente traumáticas.

A promoção da saúde mental no local de trabalho envolve a criação de políticas que promovam o bem-estar dos funcionários, ofereçam flexibilidade, reduzam o estresse ocupacional (Z56.-) e forneçam acesso a recursos de saúde mental.

O capítulo também destaca a importância de intervenções baseadas na comunidade que abordem as causas subjacentes do trauma, como violência (Y07.-), pobreza (Z59.-) e discriminação (Z60.5), através de programas de educação, desenvolvimento econômico e iniciativas de justiça social.

Além disso, a importância de políticas públicas eficazes é discutida, com políticas que garantam o acesso a serviços de saúde mental, educação de qualidade, habitação segura (Z59.-) e ambientes de trabalho saudáveis, fundamentais para prevenir traumas em larga escala.

O capítulo também aborda a necessidade de pesquisa contínua para desenvolver e refinar estratégias de prevenção baseadas em evidências, incluindo a avaliação da eficácia de programas existentes e a exploração de novas abordagens para prevenir o trauma antes que ele ocorra.

A colaboração entre diferentes setores da sociedade é enfatizada como essencial para a prevenção eficaz de traumas, incluindo parcerias entre o setor de saúde, educação, assistência social, justiça e organizações comunitárias.

O capítulo também explora o papel da tecnologia e das mídias sociais na prevenção de traumas, podendo incluir o uso de aplicativos de saúde mental, fóruns online de apoio e campanhas de conscientização digital.

Por fim, são discutidas estratégias específicas para populações vulneráveis, como crianças, refugiados, veteranos de guerra e vítimas de violência doméstica, que podem requerer abordagens especializadas para prevenir eficazmente o trauma psicológico.

Concluindo, o capítulo reitera a mensagem de que a prevenção de traumas psicológicos é uma responsabilidade coletiva que requer ação coordenada, compaixão e comprometimento de toda a sociedade. Ao implementar as estratégias discutidas, é possível não apenas reduzir a incidência de traumas psicológicos, mas também promover uma sociedade mais resiliente e solidária.

A IMPORTÂNCIA DA EDUCAÇÃO E DA CONSCIENTIZAÇÃO SOBRE SAÚDE MENTAL

O Capítulo 9 aborda a importância fundamental da educação e da conscientização sobre a saúde mental, destacando como esses elementos são cruciais para a prevenção de distúrbios psicológicos como depressão (F32.-), ansiedade (F41.-), transtornos de estresse pós-traumático (TEPT - F43.1), e a promoção do bem-estar, além de combater o estigma associado às doenças mentais como esquizofrenia (F20.-) e transtorno bipolar (F31.-). Este capítulo se aprofunda em várias dimensões dessa temática, explorando estratégias, benefícios e desafios na implementação de programas eficazes de educação em saúde mental.

O primeiro parágrafo introduz a necessidade urgente de desmistificar a saúde mental na sociedade, argumentando que, apesar dos avanços na compreensão dos transtornos mentais, ainda existem muitos mitos e desinformações que circulam amplamente, contribuindo para o estigma e a discriminação contra condições como transtornos de personalidade (F60.-).

O segundo parágrafo enfatiza a importância da educação em saúde mental desde cedo, nas escolas, preparando os jovens para lidar com seus próprios desafios de saúde mental e ensinando-os a oferecer apoio adequado a colegas e familiares que possam enfrentar dificuldades com transtornos de humor (F30.-F39.-).

No terceiro parágrafo, a discussão se volta para o local de trabalho, onde a conscientização sobre a saúde mental é igualmente vital, podendo reduzir o absenteísmo, melhorar a produtividade e criar um ambiente de trabalho mais inclusivo e solidário, especialmente em relação a transtornos de ansiedade (F41.-).

O quarto parágrafo aborda como a educação em saúde mental pode capacitar os indivíduos a buscar ajuda precocemente para sinais de transtornos mentais como depressão (F32.-) e ansiedade (F41.-), aumentando as chances de recuperação.

No quinto parágrafo, a discussão se expande para o papel das campanhas de conscientização pública, essenciais para quebrar o estigma e encorajar discussões abertas sobre saúde mental, incluindo transtornos alimentares (F50.-) e vícios (F10.-F19.-).

O sexto parágrafo explora a importância de treinamentos específicos para profissionais de saúde, educação e assistência social, que precisam de conhecimento e habilidades para identificar sinais de alerta e oferecer suporte inicial para condições como o TEPT (F43.1).

No sétimo parágrafo, a atenção se volta para o papel crucial das tecnologias digitais na educação e conscientização sobre saúde mental, oferecendo suporte e conectando indivíduos a recursos e comunidades de apoio para uma variedade de condições, incluindo transtornos psicóticos (F20.-F29.-).

O oitavo parágrafo discute a necessidade de abordagens culturalmente sensíveis na educação em saúde mental, garantindo que as informações e intervenções sejam acessíveis e relevantes para todas as comunidades, incluindo aquelas com prevalência de transtornos somatoformes (F45.-).

No nono parágrafo, a importância da participação comunitária é enfatizada, aumentando a relevância e a eficácia das iniciativas de saúde mental e promovendo um senso de propriedade e comprometimento com a saúde mental coletiva.

O décimo parágrafo aborda a necessidade de financiamento adequado para programas de educação em saúde mental, essenciais para desenvolver, implementar e avaliar programas eficazes que possam atingir uma ampla gama de populações, incluindo aquelas afetadas por transtornos de personalidade (F60.-).

No décimo primeiro parágrafo, o desafio de medir o impacto de programas de educação em saúde mental é discutido, com o objetivo de ajustar abordagens e garantir que os recursos sejam utilizados de maneira eficiente para tratar e prevenir transtornos como depressão (F32.-) e ansiedade (F41.-).

O décimo segundo parágrafo explora como a educação em saúde mental pode contribuir para a redução da demanda por serviços de saúde mental, promovendo estratégias de autocuidado e prevenção para uma variedade de condições.

No décimo terceiro parágrafo, histórias de sucesso e casos de estudo de programas de educação em saúde mental que tiveram impactos positivos significativos são destacados, servindo de inspiração e modelo para futuras iniciativas.

O décimo quarto parágrafo reflete sobre os desafios enfrentados na implementação de programas de educação em saúde mental, incluindo resistência cultural e dificuldades na mudança de atitudes estigmatizantes em relação a condições como esquizofrenia (F20.-).

No décimo quinto parágrafo, a importância de uma abordagem colaborativa é enfatizada, requerendo a colaboração entre diversos setores da sociedade para promover eficazmente a educação e conscientização sobre saúde mental.

Finalmente, o décimo sexto parágrafo conclui reiterando a importância crítica da educação e conscientização sobre saúde mental como pilares para construir uma sociedade mais informada, inclusiva e saudável, destacando a educação em saúde mental como um investimento no bem-estar coletivo e no futuro da saúde pública global.

POLÍTICAS PÚBLICAS

1. Legislação de Proteção: Promover leis que protejam indivíduos de violências e abusos, que são causas comuns de traumas psicológicos, como o Transtorno de Estresse Pós-Traumático (TEPT - F43.1). Isso inclui leis contra o abuso infantil (T74.-), violência doméstica (T74.1), assédio sexual (F52.8) e bullying nas escolas (F93.9).

2. Acesso Universal à Saúde Mental:Garantir que todos tenham acesso a serviços de saúde mental de qualidade, independentemente de sua situação econômica. Isso pode incluir a integração de serviços de saúde mental em atenção primária para tratar condições como depressão (F32.-) e ansiedade (F41.-), subsídios para tratamentos e a expansão de seguros que cubram cuidados de saúde mental.

3. Programas de Educação e Treinamento:Implementar programas de treinamento para profissionais da saúde, educação e serviços sociais para identificar e intervir em casos de trauma psicológico, além de promover a educação em saúde mental nas escolas para prevenir condições como transtornos de adaptação (F43.2).

4. Fomento à Pesquisa:Investir em pesquisa sobre traumas psicológicos e saúde mental para desenvolver tratamentos mais eficazes e estratégias de prevenção baseadas em evidências para distúrbios como transtornos dissociativos (F44.-).

5. Desenvolvimento de Infraestrutura: Criar e manter espaços públicos seguros e acolhedores, como parques, centros comunitários e linhas de apoio, que promovam o bem-estar e ofereçam recursos para aqueles em busca de ajuda com transtornos de humor (F30.-F39.-).

6. Políticas de Inclusão Social: Desenvolver programas que visem à inclusão social de grupos vulneráveis, como pessoas sem-teto, imigrantes e refugiados, que estão em maior risco de experienciar traumas, potencialmente levando a transtornos como a depressão (F32.-).

INICIATIVAS COMUNITÁRIAS

1. Grupos de Apoio: Formar grupos de apoio comunitário para indivíduos que passaram por experiências traumáticas, proporcionando um espaço para compartilhar experiências e estratégias de coping, essencial para lidar com o TEPT (F43.1).

2. Programas de Conscientização: Organizar campanhas e workshops sobre saúde mental e traumas psicológicos para aumentar a conscientização, reduzir o estigma e promover estratégias de prevenção na comunidade contra transtornos como o transtorno de ansiedade generalizada (F41.1).

3. Projetos de Arte e Cultura:Utilizar a arte, música, teatro e outras formas de expressão cultural como meios de processar e comunicar experiências traumáticas, além de promover a cura e a conexão comunitária, ajudando na recuperação de transtornos de estresse agudo (F43.0).

4. Iniciativas de Empoderamento Juvenil: Desenvolver programas voltados para jovens que fomentem habilidades de vida, resiliência e liderança, preparando-os para enfrentar desafios e promover mudanças positivas em suas comunidades, contribuindo para a prevenção de transtornos de comportamento (F91.-).

5. Parcerias Comunitárias: Estabelecer parcerias entre organizações não governamentais, empresas locais, instituições educacionais e agências governamentais para criar uma rede de suporte abrangente para a prevenção e tratamento de traumas psicológicos, incluindo a intervenção em transtornos de personalidade (F60.-).

6. Intervenções Baseadas na Comunidade: Implementar programas de intervenção precoce em comunidades de alto

risco, oferecendo serviços de aconselhamento, terapia e apoio social para prevenir o desenvolvimento de traumas psicológicos e transtornos como a fobia social (F40.1).

7. Promoção de Estilos de Vida Saudáveis:Incentivar atividades que promovam a saúde física e mental, como esportes, atividades ao ar livre, meditação e mindfulness, contribuindo para o bem-estar geral da comunidade e ajudando na prevenção de transtornos somatoformes (F45.-).

8. Desenvolvimento de Recursos Online:Criar plataformas online que ofereçam informações, recursos e suporte para pessoas afetadas por traumas psicológicos, aumentando o acesso a ajuda para condições como o TEPT (F43.1).

9. Capacitação Comunitária: Oferecer treinamentos e workshops para capacitar membros da comunidade a oferecer suporte básico em saúde mental, reconhecer sinais de trauma e encaminhar para serviços profissionais quando necessário, contribuindo para a detecção precoce de transtornos afetivos (F30.-F39.-).

10. Advocacia e Lobby:Engajar-se em atividades de advocacia para influenciar políticas públicas que promovam a saúde mental e a prevenção de traumas, garantindo que as vozes das comunidades afetadas sejam ouvidas, especialmente em questões relacionadas a transtornos como a esquizofrenia (F20.-).

A combinação de políticas públicas robustas com iniciativas comunitárias ativas pode criar uma rede de suporte eficaz que não apenas trata, mas também previne o desenvolvimento de traumas psicológicos, abordando uma ampla gama de condições codificadas no CID-10, reconhecendo a complexidade dos traumas psicológicos e a necessidade de uma resposta multifacetada que envolva toda a sociedade.

EPÍLOGO:

REFLEXÃO SOBRE A JORNADA DE COMPREENDER, ENFRENTAR E SUPERAR TRAUMAS PSICOLÓGICOS

A jornada de compreender, enfrentar e superar traumas psicológicos, frequentemente associados ao Transtorno de Estresse Pós-Traumático (TEPT - CID 10: F43.1), é um processo profundamente pessoal e complexo, variando significativamente entre indivíduos. Este caminho único que cada pessoa percorre visa não apenas a recuperação, mas também a descoberta de uma nova compreensão de si mesma e do mundo ao seu redor. A seguir, apresentamos uma reflexão detalhada sobre as etapas e desafios dessa jornada, bem como sobre o crescimento e as transformações que podem emergir desse processo.

Compreensão do Trauma:

Reconhecimento: O primeiro passo é o reconhecimento do trauma, muitas vezes exigindo uma conscientização de que as experiências vividas foram traumáticas (F43.1) e impactaram a vida significativamente.

Educação: Aprender sobre a natureza dos traumas psicológicos é crucial. Compreender como o trauma afeta o cérebro, o corpo e o comportamento pode ajudar na despersonalização da experiência do trauma, reconhecendo-a como uma resposta humana natural a eventos extraordinariamente estressantes.

Aceitação: Aceitar que o trauma (F43.1) faz parte da

história de vida, sem permitir que ele defina a identidade inteira, é um passo vital. A aceitação é o reconhecimento da realidade como o primeiro passo para a mudança.

Enfrentamento do Trauma:

Busca de Suporte: Procurar ajuda profissional, como terapia para o TEPT (F43.1), é frequentemente um componente chave no processo de enfrentamento. O suporte de amigos, família e grupos de apoio também é fundamental.

Processamento Emocional: Através de terapias e conversas de suporte, indivíduos começam a processar as emoções reprimidas - medo, raiva, tristeza - associadas ao trauma (F43.1). Este processo é doloroso, mas necessário para a cura.

Desenvolvimento de Estratégias de Enfrentamento: Praticar estratégias de enfrentamento saudáveis, como técnicas de mindfulness, exercícios físicos e expressão artística, pode ajudar a gerenciar os sintomas de estresse pós-traumático (F43.1) e promover a resiliência.

Superar o Trauma:

Reconstrução da Identidade: Integrar a experiência do trauma (F43.1) sem deixar que ela domine a narrativa da vida, o que pode incluir a redefinição de valores, crenças e objetivos de vida.

Fortalecimento da Resiliência: Revelar e fortalecer a resiliência pessoal, mostrando que é possível crescer a partir de experiências adversas. A resiliência se torna uma fonte de empoderamento.

Transformação Pós-Traumática: Muitos relatam uma sensação de transformação pós-traumática (F43.1), onde novos significados são encontrados nas experiências vividas, levando a um maior apreço pela vida e relações mais profundas.

Advocacia e Apoio a Outros: Motivar-se a ajudar outros

enfrentando jornadas semelhantes, assumindo formas de advocacia, voluntariado ou oferecendo suporte.

Reflexões Finais:

A jornada de compreender, enfrentar e superar traumas psicológicos é marcada por desafios significativos, mas também por oportunidades para crescimento e transformação profundas. Cada passo exige coragem, paciência e compaixão. Embora o trauma possa deixar cicatrizes, ele também abre caminhos para novas formas de ser e relacionar-se no mundo, marcadas por uma profunda apreciação pela vida e pelas conexões humanas.

Esta jornada não é linear e pode envolver avanços e retrocessos. No entanto, cada passo, não importa quão pequeno, é um movimento em direção à recuperação e ao renascimento. Através do apoio, da compreensão e do enfrentamento, indivíduos podem emergir dessa jornada não apenas como sobreviventes de traumas (F43.1), mas como seres humanos integralmente transformados, capazes de encontrar beleza e significado em suas vidas apesar das adversidades enfrentadas.

ENCORAJAMENTO PARA OS LEITORES CONTINUAREM BUSCANDO CONHECIMENTO E APOIO

O caminho para superar traumas psicológicos, frequentemente identificados no CID 10 sob códigos como o Transtorno de Estresse Pós-Traumático (TEPT - CID 10: F43.1) e outros transtornos relacionados ao estresse (F43), é, sem dúvida, desafiador e repleto de altos e baixos. No entanto, é também uma jornada que pode levar à transformação pessoal, ao crescimento e a uma compreensão mais profunda de si mesmo e do mundo. Nesse contexto, o encorajamento para continuar buscando conhecimento e apoio é fundamental. Aqui, oferecemos reflexões e incentivos para que você, leitor, mantenha-se firme nessa busca, reconhecendo sua importância não só para a superação de traumas, mas também para a construção de uma vida plena e significativa.

1. A Importância do Conhecimento1. Entendimento como Ferramenta de Poder:O conhecimento sobre traumas psicológicos (F43) e mecanismos de coping é uma poderosa ferramenta de empoderamento. Ele oferece a você um mapa do terreno desconhecido, permitindo que você navegue pela jornada de recuperação com maior confiança e eficácia. Cada artigo lido, cada livro explorado e cada conversa com profissionais da saúde mental expandem sua compreensão e equipamento para lidar com os desafios.

2. Conscientização e Desestigmatização:Ao buscar e compartilhar conhecimento, você contribui para a

desestigmatização dos traumas psicológicos (F43). Isso cria um ambiente mais acolhedor e compreensivo, tanto para si mesmo quanto para outros que estão passando por situações semelhantes.

3. Evolução Contínua:O campo da saúde mental está sempre evoluindo, com novas descobertas e abordagens sendo desenvolvidas. Manter-se informado sobre esses avanços significa que você pode se beneficiar de estratégias de tratamento e suporte cada vez mais eficazes.

A Força do Apoio:

1. Comunidade como Refúgio:Encontrar uma comunidade de apoio, seja online ou presencial, oferece um refúgio seguro onde você pode compartilhar suas experiências e sentir-se compreendido. Essas conexões diminuem a sensação de isolamento e reforçam a ideia de que você não está sozinho nessa jornada.

2. Apoio Profissional:Profissionais de saúde mental especializados em traumas (F43) são aliados inestimáveis. Eles podem oferecer orientações personalizadas e estratégias de tratamento baseadas em evidências, ajudando-o a navegar pelas complexidades dos traumas psicológicos com maior eficácia.

3. Apoio como Fonte de Força:Cada conversa com um amigo compreensivo, cada sessão de terapia, cada reunião de grupo de apoio acrescenta camadas de força à sua jornada. Esses momentos de conexão e entendimento são fundamentais para a recuperação e para o fortalecimento pessoal.

Encorajamento FinalLembre-se de que buscar conhecimento e apoio não é um sinal de fraqueza, mas de força. É um reconhecimento de sua própria humanidade e de sua vontade de viver uma vida mais plena e rica, apesar dos desafios enfrentados. Cada passo nesta jornada é um ato de coragem.

Seja Paciente Consigo Mesmo:A jornada de recuperação é única para cada indivíduo e não segue um cronograma fixo.

Permita-se viver cada etapa no seu próprio ritmo.

Celebre Cada Conquista:Reconheça e celebre cada progresso, por menor que seja. Cada passo adiante é uma vitória.

Continue a Esperança:Mesmo nos momentos mais difíceis, tente manter a esperança. Acredite na sua capacidade de superação (F43.1) e na possibilidade de dias melhores.

Permita-se Sonhar:Imagine uma vida onde o trauma (F43) não define quem você é. Permita-se sonhar e trabalhar em direção a esses sonhos, um passo de cada vez.

Você não está sozinho nesta jornada. Há uma comunidade inteira pronta para apoiá-lo, e um mundo de conhecimento esperando para ser explorado. Continue buscando, aprendendo e crescendo. Sua jornada de recuperação não apenas o levará a superar traumas (F43), mas também a descobrir uma nova versão de si mesmo, mais resiliente e iluminada. E lembre-se, em momentos de dúvida ou desafio, que cada passo adiante é um ato de imensa coragem e um testemunho do seu compromisso com a sua própria cura e bem-estar.

APÊNDICES:

GLOSSÁRIO DE TERMOS RELACIONADOS A TRAUMAS PSICOLÓGICOS

O entendimento de traumas psicológicos e dos termos relacionados é crucial para aprofundar a compreensão sobre o assunto e facilitar a comunicação entre indivíduos, profissionais da saúde mental e comunidades de apoio. Abaixo, apresentamos um glossário detalhado de termos frequentemente utilizados no contexto de traumas psicológicos, visando oferecer um recurso informativo e acessível para todos aqueles interessados ou envolvidos na jornada de recuperação e superação.

Trauma Psicológico: Experiência emocionalmente dolorosa e perturbadora que resulta de eventos percebidos como ameaçadores ou devastadores. O trauma pode afetar significativamente o bem-estar psicológico, emocional e físico de um indivíduo.

Transtorno de Estresse Pós-Traumático (TEPT): Condição de saúde mental que pode se desenvolver após a exposição a um evento traumático. Caracteriza-se por sintomas como flashbacks, pesadelos, ansiedade severa e pensamentos incontroláveis sobre o evento.

Resiliência: Capacidade de um indivíduo se recuperar de dificuldades ou mudanças adversas, adaptando-se de maneira positiva. A resiliência pode ser fortalecida através de estratégias de enfrentamento e suporte social.

Desregulação Emocional: Dificuldade em gerenciar e responder a experiências emocionais intensas de maneira adaptativa. Pode manifestar-se como reações emocionais exacerbadas ou inibição da expressão emocional.

Terapia Cognitivo-Comportamental (TCC): Forma de terapia focada em identificar e modificar padrões de pensamento e comportamento negativos ou destrutivos. É frequentemente utilizada no tratamento de transtornos relacionados a traumas.

Terapia de Exposição Prolongada: Técnica terapêutica que envolve a exposição gradual e controlada ao pensamento, memória ou situação que causa ansiedade, com o objetivo de reduzir a resposta de medo.

Terapia de Processamento Cognitivo (TPC): Tipo de terapia cognitivo-comportamental que ajuda indivíduos a compreender e reestruturar pensamentos perturbadores relacionados ao trauma.

Mindfulness: Prática de atenção plena que envolve a concentração no momento presente de maneira intencional e não julgadora. Pode ser útil no manejo de sintomas de estresse e ansiedade.

Dissociação: Mecanismo de defesa psicológico que envolve uma desconexão entre pensamentos, identidade, consciência e memória. Pode ocorrer como resposta a experiências traumáticas.

Sintomas de Hipervigilância: Estado de alerta excessivo e constante vigilância para ameaças potenciais, frequentemente observado em indivíduos com TEPT.

Terapia Baseada em Trauma: Abordagem terapêutica que reconhece e enfatiza a compreensão dos impactos físicos, sociais e emocionais do trauma na vida de uma pessoa.

Cura Traumática: Processo de trabalhar ativamente através das consequências de traumas psicológicos com o objetivo de alcançar a recuperação e o bem-estar.

stratégias de Enfrentamento: Técnicas ou métodos utilizados para lidar com situações estressantes ou traumáticas.

Podem ser adaptativas (saudáveis) ou maladaptativas (não saudáveis).

Apoio Social: Percepção ou realidade de ser cuidado e ter assistência disponível de outras pessoas, grupos ou comunidades. É vital para a recuperação de traumas.

Este glossário visa ser um ponto de partida para aqueles que buscam entender melhor os conceitos relacionados a traumas psicológicos. A compreensão desses termos pode facilitar a comunicação com profissionais da saúde, o acesso a recursos de apoio e a participação em comunidades de suporte, contribuindo significativamente para o processo de recuperação e superação.

RECURSOS E ORGANIZAÇÕES DE APOIO À SAÚDE MENTAL

Recursos e organizações de apoio à saúde mental desempenham um papel crucial na oferta de ajuda e orientação para indivíduos enfrentando transtornos psicológicos e emocionais. Entre as condições mais comuns que requerem suporte, estão a Depressão (CID-10: F32), a Ansiedade Generalizada (CID-10: F41.1), o Transtorno de Estresse Pós-Traumático (TEPT) (CID-10: F43.0), e o Transtorno Bipolar (CID-10: F31).

A Depressão (CID-10: F32) é uma condição que afeta milhões de pessoas ao redor do mundo, caracterizada por sentimentos persistentes de tristeza, perda de interesse ou prazer em atividades anteriormente desfrutadas, e uma falta de energia. Organizações de apoio oferecem terapias, grupos de apoio e recursos educacionais para ajudar os indivíduos a gerenciar seus sintomas e melhorar sua qualidade de vida.

O Transtorno de Ansiedade Generalizada (CID-10: F41.1) é marcado por preocupações e tensões excessivas que são difíceis de controlar. Recursos de apoio incluem terapia cognitivo-comportamental, meditação e técnicas de relaxamento, além de grupos de apoio que proporcionam um espaço seguro para compartilhar experiências e estratégias de coping.

O Transtorno de Estresse Pós-Traumático (TEPT) (CID-10: F43.0) pode se desenvolver após a exposição a eventos extremamente traumáticos. Organizações dedicadas a esta condição oferecem terapias especializadas, como a terapia de exposição prolongada e a terapia de processamento cognitivo, além de suporte para famílias e cuidadores.

O Transtorno Bipolar (CID-10: F31), anteriormente conhecido como psicose maníaco-depressiva, envolve mudanças significativas no humor, energia e níveis de atividade, alternando entre episódios de mania (CID-10: F30) e depressão (CID-10: F32). Recursos de apoio incluem programas de educação para pacientes e familiares, grupos de apoio, e acesso a tratamentos farmacológicos e psicoterapêuticos.

Além de oferecer suporte direto aos indivíduos afetados, essas organizações desempenham um papel vital na promoção da conscientização sobre a saúde mental, combatendo o estigma e facilitando o acesso a informações e recursos. Elas também atuam na advocacia por políticas públicas que melhorem o acesso e a qualidade dos cuidados de saúde mental.

É essencial que indivíduos que enfrentam desafios de saúde mental busquem ajuda e utilizem os recursos disponíveis. A conscientização e o acesso a informações precisas podem empoderar as pessoas a tomar medidas proativas em direção à recuperação e ao bem-estar.

LEITURAS RECOMENDADAS E REFERÊNCIAS BIBLIOGRÁFICAS

A jornada de compreensão e superação de traumas psicológicos é amplamente beneficiada pela leitura e pelo estudo de obras especializadas. Abaixo, apresentamos uma seleção cuidadosa de leituras recomendadas e referências bibliográficas. Estas obras abrangem uma variedade de perspectivas, desde teorias fundamentais até abordagens práticas de tratamento e recuperação, visando oferecer recursos valiosos para indivíduos afetados por traumas, profissionais da saúde mental e qualquer pessoa interessada no assunto.

LEITURAS RECOMENDADAS

1. "O Corpo Guarda as Marcas: Cérebro, mente e corpo no tratamento do trauma" por Bessel van der Kolk- Este livro é uma obra fundamental que explora a natureza do trauma psicológico através de uma perspectiva interdisciplinar, enfatizando a importância da integração entre mente e corpo no processo de cura.

2. "Trauma e Recuperação: Os efeitos do trauma na vítima, na família e na sociedade" por Judith Herman- Judith Herman oferece uma análise profunda dos processos de trauma e recuperação, abordando tanto os aspectos individuais quanto coletivos e sociais do trauma.

3. "A Terapia do Trauma Focado na Exposição" por Edna Foa e Elizabeth Hembree- Este livro fornece um guia detalhado sobre a Terapia de Exposição Prolongada, uma das abordagens mais eficazes no tratamento do Transtorno de Estresse Pós-Traumático (TEPT).

4. "Mindfulness para Redução de Estresse: Uma abordagem prática" por Jon Kabat-Zinn- Kabat-Zinn introduz o conceito de mindfulness (atenção plena) como uma ferramenta poderosa para lidar com o estresse, a ansiedade e os efeitos do trauma.

5. "O Trauma da Rejeição: Como superar, se reerguer e seguir em frente" por Guy Winch- Focando nos traumas derivados de rejeições sociais e relacionais, Winch oferece estratégias práticas para a superação emocional e psicológica.

REFERÊNCIAS BIBLIOGRÁFICAS

Van der Kolk, B. (2015). . Editora Senac.

Herman, J. (1997). . Editora Martins Fontes.

Foa, E., & Hembree, E. (2007). . Editora Artmed.

Kabat-Zinn, J. (2013). . Editora Palas Athena.

Winch, G. (2018). . Editora Sextante.

NOTAS ADICIONAIS

Diversidade de Perspectivas: É importante abordar o estudo dos traumas psicológicos a partir de diversas perspectivas, incluindo neurociência, psicologia clínica, terapias baseadas em evidências e experiências pessoais. Isso enriquece o entendimento e a capacidade de aplicar conhecimentos de forma holística.

Atualizações Constantes: O campo da psicologia do trauma está em constante evolução. Fique atento às publicações mais recentes e participe de seminários, workshops e conferências para manter-se atualizado com as últimas pesquisas e abordagens terapêuticas.

Comunidade Acadêmica e Profissional: Engajar-se com a comunidade acadêmica e profissional através de redes sociais acadêmicas, como ResearchGate ou Academia.edu, pode oferecer acesso a artigos de pesquisa, discussões e colaborações valiosas na área de traumas psicológicos.

Esta seleção de leituras e referências bibliográficas visa fornecer um ponto de partida sólido para a exploração do complexo tema dos traumas psicológicos. Tanto para aqueles que buscam entender e superar suas próprias experiências de trauma quanto para profissionais dedicados a apoiar outros em suas jornadas de recuperação, o conhecimento contido nessas obras pode ser um recurso inestimável.

AGRADECIMENTOS

Ao meu querido marido, Nelson, a rocha sobre a qual construí minha esperança e a luz que dissipa as sombras de qualquer dúvida. Seu amor, seu apoio incondicional e sua fé inabalável em mim têm sido a força motriz por trás de cada palavra que derramei neste livro. Em "Traumas Psicológicos", cada página reflete o calor de seu encorajamento e a segurança de seu abraço, elementos sem os quais esta jornada seria infinitamente mais árdua. A você, Nelson, dedico não apenas este livro, mas todos os momentos de superação e descoberta que compartilhamos. Sua presença é um lembrete constante de que, mesmo nas adversidades, há sempre um porto seguro.

Aos meus amados filhos, Artur e Roger, vocês são as chamas vibrantes que iluminam cada passo que dou. Este livro é também um tributo à força que vocês me inspiram a buscar, a cada dia. Em suas personalidades únicas, encontro a coragem e a determinação para enfrentar e desvendar os mistérios da psique humana. Vocês são a prova viva de que o amor e a resiliência podem florescer, mesmo nos solos mais áridos.

E ao meu precioso neto, Estevão, a mais recente adição à nossa família, que chegou trazendo consigo uma nova onda de esperança e alegria. Que este livro sirva como um farol para você, iluminando caminhos de compreensão e empatia. Em suas primeiras risadas e cada novo descobrimento, vejo a promessa de um futuro brilhante, um mundo onde os traumas podem ser compreendidos, enfrentados e superados.

"Traumas Psicológicos" é mais do que um livro; é uma tapeçaria tecida com os fios do amor, da dedicação e da esperança que vocês, minha família, me proporcionaram. Com profunda gratidão e amor, dedico esta obra a vocês, Nelson, Artur, Roger e Estevão, por serem meu porto seguro, minha inspiração e meu maior legado. Que as páginas seguintes possam tocar os corações de muitos, assim como vocês tocaram profundamente o meu.

ABOUT THE AUTHOR

Carmem Aparecida Roberto Silva

Carmem Aparecida Roberto Silva, casada, mãe de dois filhos e avó, possui uma sólida formação acadêmica, evidenciada por sua graduação em Pedagogia pela Universidade Braz Cubas, localizada em Mogi das Cruzes, São Paulo. Além disso, ampliou seus conhecimentos ao concluir o curso de Psicologia pela Universidade Anhanguera, situada em Uberlândia, Minas Gerais. Sua trajetória acadêmica é complementada por uma série de pós-graduações e especializações em áreas que refletem seu compromisso com o desenvolvimento humano e educacional. Dentre suas qualificações, destacam-se a psicopedagogia, que lhe permite compreender e intervir nos processos de aprendizagem; a arteterapia, através da qual utiliza a arte como meio terapêutico; a neuropsicopedagogia, que integra conhecimentos da neurociência ao contexto educacional visando potencializar o processo de ensino-aprendizagem; e a psicomotricidade, área que aborda o desenvolvimento corporal e motor em consonância com as capacidades cognitivas. A combinação dessas especializações evidencia seu compromisso em promover uma abordagem holística e integrada no campo da educação e do desenvolvimento pessoal.

BOOKS BY THIS AUTHOR

Uma Jornada Pela Psicologia Infantil

Este livro tem como missão principal oferecer uma visão completa e acessível sobre a psicologia infantil, com ênfase no desenvolvimento mental e emocional das crianças. Buscando equipar pais, educadores e profissionais da saúde com conhecimentos e ferramentas essenciais, a obra se aprofunda nas teorias fundamentais, nas descobertas recentes da pesquisa e em estratégias práticas para suportar um crescimento saudável. Os objetivos abrangem desde a educação sobre o desenvolvimento infantil, destacando as influências genéticas, ambientais e sociais, até a promoção da sensibilidade às necessidades das crianças em suas diversas fases de desenvolvimento.

www.ingramcontent.com/pod-product-compliance
Lightning Source LLC
Chambersburg PA
CBHW071222260726
48653CB00042B/1530